2.-

Stimmen zum Buch

Packend, erschütternd und herausfordernd zugleich: In den entlegensten Dörfern des Himalaja-Gebirges trifft David Platt auf Menschen in äußerster Armut, mit schwersten Krankheiten und bedrückendem Geisterglauben.

Biblisch ausgewogen fordert Platt jeden Christen heraus zu helfen, irdisches Leid zu mindern – dies aber niemals losgelöst vom Evangelium von Jesus Christus, der allein Menschen vor dem ewigen Leid der Hölle bewahren kann.

Dieses spannende Reisetagebuch kann ich wärmstens empfehlen!

Christian Wegert, Leiter des Gemeinde- & Missionswerks Arche in Hamburg und 2. Vorsitzender des Netzwerkes Evangelium21

Ich bin tief beeindruckt, wie empfindsam und ehrlich David Platt mit den aufwühlenden Eindrücken im Himalaja umgeht. Sein Herz nicht vor der erschütternden Not und Armut dort zu verschließen, kostet großen Mut. Wie offen und verletzlich er seine Gewissensfragen und Glaubenszweifel vor Gott bewegt und mit uns teilt, hat mich neu aufgerüttelt und mit der heiligen Unruhe angesteckt, dass sich etwas ändern muss.

Andrea Specht, Autorin, Mitbegründerin von für Nepal e.V./ dolpa-kinderheim.de

Dieses Buch erzählt authentisch, aufrüttelnd und augenöffnend, wie Gott handelt: Er gebraucht Menschen, um Menschenherzen zu verändern. Die Welt schuf er in sechs Tagen, für die Veränderung von

David Platt brauchte er sieben – Zeit genug, um dessen Blick für seine Herzensanliegen zu schärfen.

Eine siebentägige Himalaja-Trekking-Tour führt Platt an Orte, die er noch nie gesehen hat. Seine Erkenntnisse und Schlüsse, die er durch Bibeltexte untermauert, fordern heraus. Und es geht noch weiter, denn die Himalaja-Begegnungen kann jeder von uns haben.

Ich habe Ähnliches bei Besuchen in Slums auf Haiti, Kenia, den Philippinen und an anderen Orten dieser Welt erlebt, daher kann ich vieles aus diesem Buch nachvollziehen. Ich empfehle es allen Leserinnen und Lesern, die nicht so bleiben wollen, wie sie sind. Die Lektüre wird verändern.

Steve Volke, CEO Compassion Deutschland

DAVID PLATT

ETWAS MUSS SICH ÄNDERN

Wie sieben Tage im Himalaja mir gezeigt haben, was wirklich zählt

BRUNNEN
Verlag GmbH · Giessen

Bibelzitate folgen dem Bibeltext der Neuen Genfer Übersetzung –
Neues Testament und Psalmen. Copyright © 2011 Genfer Bibel-
gesellschaft. Wiedergegeben mit freundlicher Genehmigung.
Alle Rechte vorbehalten.

Ferner wurde verwendet und mit „Hfa" gekennzeichnet:
Hoffnung für alle®, Copyright © 1983, 1996, 2002 by Biblica, Inc.®.
Verwendet mit freundlicher Genehmigung von Fontis – Brunnen Basel.

© der deutschen Ausgabe: 2021 Brunnen Verlag GmbH, Gießen
Lektorat: Konstanze von der Pahlen
Umschlagfoto: shutterstock
Umschlaggestaltung: Jonanthan Maul
Satz: DTP Brunnen
Druck: GGP Media GmbH
Gedruckt in Deutschland
ISBN Buch 978-3-7655-0759-5
ISBN E-Book 978-3-7655-7588-4
www.brunnen-verlag.de

Für „Aaron" und all diejenigen, für die er steht

Inhalt

Anmerkung des Verfassers

In manchen Teilen der Welt ist es ein gefährliches Unterfangen, Jesus nachzufolgen. Auf diesen Seiten habe ich beschrieben, was ich auf meiner Trekkingtour in den Bergen des Himalaja erlebt und gehört habe – einer Gegend, in der das Evangelium nicht immer auf offene Ohren stößt. Alles hat sich tatsächlich so ereignet. Aus Sicherheitsgründen wurden jedoch wichtige Namen, Orte, Zeiten und andere Details verändert, um die beteiligten Personen zu schützen.

Warum die Tränen?

*I*n einem Gästehaus am Fuße des Himalaja saß ich auf meinen Knien und weinte bitterlich. Ich war allein – um mich verstreut mein Gepäck der vergangenen Woche: ein Rucksack, Trekkingstöcke, Wanderschuhe. Nach einer siebentägigen Tour über einige der höchsten Berge der Welt würde ich in wenigen Stunden zurück nach Hause in die Vereinigten Staaten fliegen.

Nie hätte ich damit gerechnet, dass ich meine Reise in Tränen aufgelöst beenden würde.

Bisher hatte ich die wenigen Male, die ich in meinem Erwachsenenleben geweint hatte, an einer Hand abzählen können. Zuletzt waren Tränen geflossen, als ich telefonisch die Nachricht erhalten hatte, dass mein Vater ganz plötzlich an einem Herzinfarkt verstorben war.

Aber dieser Tag in einem asiatischen Gästehaus war anders. Diesmal weinte ich nicht, weil *mir* jemand oder auch nur etwas fehlte. Nein, ich heulte hemmungslos, weil *anderen* etwas fehlte – Männern, Frauen und Kindern, denen ich in der vergangenen Woche begegnet war. Der tiefe Schmerz darüber, dass sie so vieles entbehren mussten – Wasser, Nahrungsmittel, Angehörige … Freiheit und Hoffnung –, brach unaufhaltsam aus mir heraus. Schluchzend warf ich mich auf den Boden und weinte mir die Augen aus.

Was wir brauchen

Wenn ich an diesen Tag im Gästehaus zurückdenke, frage ich mich, warum dieses Überwältigtsein von der Not anderer für mich so etwas vollkommen Neues war. Wie oft habe ich in Gottesdiensten schon über die Nöte von Menschen in aller Welt geredet und davon gehört. Ich denke an all die Predigten, die ich über den Dienst an Notleidenden gehalten habe. Ich denke sogar an die Bücher, die ich selbst geschrieben habe, auch über die Hingabe unseres Lebens aus Liebe zu Christus und zur Welt um uns herum. Warum aber haben mich die Nöte anderer nur selten so stark angerührt, dass ich weinend vor Gott niedergefallen bin?

Ich glaube nicht, dass es nur mir so geht. Wenn ich an all diese Gottesdienste zurückdenke, erinnere ich mich nur an sehr wenige Augenblicke, in denen ich mit anderen Christen darüber geweint habe, dass es so vielen Menschen an Wasser, Nahrungsmitteln, Familie, Freiheit oder Hoffnung fehlt. Warum ist das bei uns eine solche Seltenheit?

Unwillkürlich frage ich mich, ob wir die Fähigkeit zum Weinen verloren haben. Ich frage mich, ob wir unmerklich, schleichend und beinahe unbewusst einen Schutzwall um unser Leben, unsere Familien und selbst unsere Kirchen gebaut haben und Gottes Worte an uns in einer Welt existenzieller geistlicher und leiblicher Not nicht mehr an uns heranlassen. Wir betonen oft, wir müssten *verstehen*, was wir mit unseren Köpfen glauben. Ich aber frage mich, ob wir nicht verlernt haben zu *fühlen*, was wir in unseren Herzen glauben. Wie erklären wir es uns sonst, dass wir im Gottesdienst in Liedern und Predigten Jesus als die Hoffnung der Welt feiern und doch nur selten (wenn überhaupt) niederfallen und über die Menschen weinen, die diese Hoffnung nicht haben? Und dass wir so wenig tun, um diese Hoffnung zu verbreiten?

Warum haben wir uns vom Weg Jesu offensichtlich so weit entfernt? Jesus hat über die Notleidenden geweint. Er war voll Mitgefühl für die Menschenmengen. Er lebte und liebte, um den Zerbrochenen Heilung und Trost zu bringen. Er starb für die Sünde der Welt. Warum lassen wir, die wir seinen Geist in uns haben, uns nicht genauso von ihm bewegen und treiben? Gott hat das Evangelium von Jesus nicht dazu bestimmt, in unseren Köpfen und Kirchen eingesperrt zu bleiben, als hätte es mit unseren Empfindungen und unserem Handeln in der Welt nichts zu tun.

So viel steht fest: Etwas muss sich ändern.

Aber wie? Ich lag in diesem Gästehaus nicht deshalb auf dem Boden, weil ich etwas Neues über das Leiden in der Welt gehört hätte, nicht einmal, weil ich in Gottes Wort etwas Neues entdeckt hätte. Auf dem langen Flug nach Asien hatte ich tatsächlich eine ganze Predigt über Armut und Unterdrückung in der heutigen Welt vorbereitet, gespickt mit alarmierenden Zahlen. Doch ich hatte sie aus einer emotional sicheren, erschreckend kaltherzigen Perspektive geschrieben. Der Blick auf Statistiken über Armut, selbst mit der Bibel in der Hand, hatte meine Seele nicht wirklich angerührt. Aber als ich dann Männern, Frauen und Kindern in existenzieller geistlicher und leiblicher Not von Angesicht zu Angesicht begegnete, fiel die Mauer um mein Herz in sich zusammen. Und ich weinte bitterlich.

Eines ist klar: Die notwendige Veränderung geschieht nicht einfach dadurch, dass wir noch mehr Fakten sammeln oder noch mehr Predigten hören (oder auch halten). Was wir brauchen, ist keine Auslegung des Wortes Gottes, keine Erklärung der Welt und auch keine weiteren Informationen. Nein, wir brauchen eine Erfahrung mit dem Wort Gottes *in der Welt*, eine Erfahrung, die die verborgensten Winkel unseres Herzens erreicht. Wir müssen es wagen, der Not und Verzweiflung um uns herum ins Auge zu sehen und Gott zu bitten, in uns ein tiefes Werk zu tun, das wir selbst niemals bewirken, beeinflussen oder vollbringen könnten.

Dies ist mein Gebet für die folgenden Seiten.

Ein Risiko

Beim Schreiben dieses Buches habe ich einen anderen Ansatz gewählt als sonst. In der Regel bin ich ein Prediger, der seine Punkte ausführlich darlegt und erläutert. Aber wie schon gesagt: Ich glaube nicht, dass es das ist, was wir brauchen. Ich glaube, wir brauchen eine Erfahrung – eine Begegnung, die theoretische Wahrheiten tiefer in unser Herz fallen lässt, als bloße Worte es vermögen.

Also möchte ich in diesem Buch von der Kanzel steigen und Sie einladen, mich auf eine Trekkingtour über einige der höchsten Berge Asiens zu begleiten. Ich lade Sie ein zu essen, was ich aß, zu trinken, was ich trank, in die Gesichter zu sehen, die ich sah, die Menschen zu berühren, die ich berührte, und bei all dem das nachzuempfinden, was ich empfand.

Am Ende möchte ich mit Ihnen gemeinsam überlegen, wie wir diese Tour durch den Himalaja in unseren Alltag übertragen können – an den Platz, an dem wir leben. Ich möchte mir mit Ihnen gemeinsam ausmalen, was passieren könnte, wenn wir das Evangelium vom Kopf ins Herz fallen lassen, sodass es den Kurs unseres Lebens, unserer Familien und unserer Kirchen in der Welt tiefgreifend verändert.

Wenn ich meine Trekkingtour als Rahmen für dieses Buch wähle, dann bedeutet das ein Risiko – für Sie und für mich. Für mich heißt es, die Sicherheit der Kanzel, wo ich normalerweise predige, zu verlassen. Es heißt auch, hinter dem Schreibtisch hervorzukommen, wo ich normalerweise schreibe. Denn ich lasse Sie teilhaben an inneren Kämpfen mit Dingen, die ich predige, mit Wahrheiten, die ich glaube. Wenn ich Sie auf diese Pfade mitnehme, möchte ich Ihnen in meine persönlichsten Gedanken Einblick geben und selbst bohrende, fundamentale Fragen nicht verschweigen.

Zum Beispiel: Wenn das Evangelium wirklich wahr und Gott wirklich gut ist, wo sind dann die Wahrheit und Güte Gottes inmitten von extremer Armut und äußerstem Leid zu finden? Und wo sind sein Friede und sein Schutz für die Unterdrückten und Ausgebeuteten?

Und wie ist das mit dem Leben jenseits dieser Welt? Wenn ein guter Gott dieses Universum regiert, gibt es dann tatsächlich eine Hölle, die auf ewig besteht? Und wenn sie tatsächlich existiert und nie ein Ende hat, warum werden dann so viele Menschen in eine

Hölle auf Erden hineingeboren, nur um sie am Ende gegen die ewige Hölle einzutauschen? Werden die Milliarden von Menschen, die nicht an Jesus glauben, tatsächlich an diesen Ort kommen, selbst wenn sie niemals die Chance hatten, von Christus zu hören?

Es mag Sie vielleicht überraschen, dass auch ein Pastor, für den die Wahrheit und Zuverlässigkeit der Schrift unumstößlich ist, mit Fragen wie diesen kämpft. Doch es ist so. Und ich weiß sehr gut: Diese Fragen an einem Sonntagmorgen auf einer Kanzel in einem schönen, angenehm klimatisierten Gebäude zu stellen, ist eine Sache. Sie aber irgendwo in den Bergen zu stellen, wo eine vermeidbare Krankheit einem Mann mangels Medizin innerhalb von Stunden Frau und Kinder genommen hat, ist eine ganz andere. Oder wenn Sie in das Gesicht einer Zwölfjährigen sehen, die Sex mit Ihnen haben will, weil sie im Alter von nur zehn Jahren dazu verkauft und versklavt wurde. Oder wenn Sie zusehen, wie ein toter Körper auf einem Scheiterhaufen verbrennt und Sie wissen, dass dieser Mensch von Jesus noch nicht einmal gehört hat.

Ich möchte das Risiko eingehen und Sie hinter die Kulissen blicken lassen, wenn für einen studierten Pastor und Autor angesichts der Dunkelheit in der Welt die tiefsten Überzeugungen ins Wanken geraten und er sich fragt: *Ist Jesus wirklich die Hoffnung der Welt?*

Die Lektüre dieses Buches ist aber auch für Sie ein Risiko, wenngleich ich Ihnen jede Menge Gefahren erspare: Sie müssen nicht im Hubschrauber in einen abgelegenen Teil der Erde fliegen, praktisch abgeschnitten von der Außenwelt, wo Sie tagelang auf Hilfe warten müssten, sollte Ihnen etwas zustoßen. Ich erspare es Ihnen, Hängebrücken zu überqueren und auf schmalen Pfaden zu wandern, wo ein einziger falscher Schritt genügt, um Sie in den Tod zu stürzen. Sie brauchen sich keine Sorgen zu machen wegen Höhenkrankheit, Amöbenruhr, Reisedurchfall oder Infektionen wie Cyclosporiasis, Giardiasis, Malaria, Hepatitis usw. Ich glaube, Sie verstehen, was ich meine. Und ich kann nur sagen: Gern geschehen!

Und doch gehen auch Sie ein Risiko ein, wenn Sie sich auf diese

Tour mit mir einlassen. Ich hatte keine Ahnung, was nach einer Woche im Himalaja in meinem Leben geschehen würde. Wenn ich Sie also einlade, mit mir in die Berge zu kommen, dann bitte ich Sie auch, offen dafür zu sein, dass sich Ihre Sicht auf Ihr Leben, Ihre Familie, Ihre Kirche oder Ihre Zukunft dabei verändern könnte. Ich weiß nicht, ob Sie wie ich in Tränen aufgelöst auf dem Boden liegen werden. Aber ich hoffe, dass Sie es wagen, Ihre Schutzmechanismen abzulegen. Und dass Sie offen sind für etwas ganz Neues, was Gott in und durch Ihr Leben tun will.

Wenn Sie also für diese Reise bereit sind, dann lade ich Sie ein umzublättern.

Denn es muss sich etwas ändern.

Wenn ich Sie also einlade,
mit mir in die Berge zu kommen,
dann bitte ich Sie auch, offen dafür zu sein,
dass sich Ihre Sicht auf Ihr Leben,
Ihre Familie, Ihre Kirche oder Ihre Zukunft
dabei verändern könnte.

Vorbereitung

*A*uch eine kurze Tour in den Himalaja erfordert Vorbereitung.
Es war geplant, dass ich mit einem kleinen Team in bisher nie
gekannten Höhen (außer im Flugzeug) über Bergpfade wandern
würde. Unglaublich, aber wahr: Mehr als einhundert Gipfel im
Himalajagebirge liegen auf über 3 500 Höhenmetern, stolze 15 Gipfel sogar auf über 7 000 Metern. Die Bergkette zieht sich über fünf
verschiedene Länder – Nepal, Indien, Bhutan, China und Pakis-
tan –, sechs sogar, wenn man Tibet mitzählt.

Ich wusste sehr gut, dass diese Tour körperlich anstrengend werden würde. Also trainierte ich nach der CrossFit-Methode verschiedenste Fitnessdisziplinen wie Ausdauer, Kraft, Beweglich-
keit, Schnelligkeit und mehr. Ich lief monatelang jeden Morgen
auf einem Laufband mit einstellbarer Steigung und erklomm den
höchsten Gipfel in meiner Umgebung. Leider liegt er gerade einmal
300 Meter über dem Meeresspiegel. Im Himalaja würde man das
nicht einmal als Hügel bezeichnen.

Neben dem körperlichen Training erforderte auch das Packen für
die Tour sorgfältige Planung. Jedes Teammitglied würde seine gesamte Ausrüstung selbst tragen müssen – das heißt ohne die Hilfe
von Sherpas (Einheimischen, die als Lastträger arbeiten) oder Yaks
als Lasttieren. Also war es das Ziel, das Gewicht unserer gesamten
Kleidung und verschiedener Ausrüstungsgegenstände auf ca. 9 kg
pro Kopf zu beschränken. Da wir auf dem höchsten Gipfel bei Temperaturen weit unter dem Gefrierpunkt schlafen würden, brauchten
wir einen Schlafsack, der bis -25 Grad Celsius geeignet war.

In unseren Rucksack packten wir außerdem:
• einen Satz Kleidung zum Wechseln auf halber Strecke,

- ein kleines Handtuch und einige unverzichtbare Hygieneartikel,
- einen Hut, Sonnencreme und eine Sonnenbrille zum Wandern am Tag,
- eine Stirnlampe zum Wandern bei Nacht,
- eine Wasserflasche mit Filter,
- Snacks (es gibt nicht so viele Automaten an der Strecke ...),
- eine Bibel und ein Tagebuch.

Hintergrund

Wie kam ich eigentlich dazu, diese Tour mitzumachen? In erster Linie habe ich das einer Begegnung mit einem jungen Mann namens Aaron zu verdanken, der heute ein guter Freund von mir ist.

Aaron besuchte einmal die Kirche, in der ich Pastor war. Nach einem Gottesdienst stellte er sich mir vor, erzählte aber lediglich, dass er in Asien lebe. Ich sah ihn dann einige Jahre nicht mehr. Während dieser Zeit weckte Gott in mir und meiner Frau Heather den Wunsch, ein Kind aus dem Land zu adoptieren, in dem Aaron lebt (wie ich später erfuhr). Wir hatten von den Lebensbedingungen gehört, unter denen viele Kinder dort aufwachsen, von jungen Mädchen, die als Sexsklavinnen verkauft werden. Das bewog uns dazu, eines dieser Kinder in unsere Familie aufzunehmen, und wir meldeten uns für das Adoptionsverfahren an.

Jede Nacht setzte ich mich damals mit Heather und unseren beiden Jungs zusammen, um für ihre künftige kleine Schwester zu beten. Alles lief glatt und schon bald sollte uns ein kleines Mädchen zugewiesen werden. Dann jedoch untersagte dieses Land ohne jegliche Vorwarnung Adoptionen durch Ausländer. Wir waren am Boden zerstört.

Es war ein trauriges Weihnachten für uns. Damals versuchte ich, in einem Gedicht für Heather in Worte zu fassen, was uns das Herz so schwer machte. Ich beschrieb, durch welche Kämpfe wir gegangen waren und wie brennend wir uns gewünscht hatten, das kleine Mädchen in unserer Familie willkommen zu heißen. In diesen Zeilen gab ich dem Kind, das wir niemals kennenlernen würden, eine Stimme. Das Gedicht endete mit den Worten:

So lasst eure Liebe hoffen und flehen
zu Gott für die Tochter, die für euch ersehen.
Auch wenn ihr mir niemals Eltern dürft sein,
versprecht mir, ihr tretet vor Gott für mich ein.

Für eine Adoption blieb uns dieses Land zwar verschlossen, aber Heather und ich vertrauten darauf, dass Gott es uns nicht umsonst aufs Herz gelegt hatte. Als Aaron wieder einmal in unserer Gegend war und wir nach einem Gottesdienst ins Gespräch kamen, fragte ich ihn: „Könnten wir uns morgen früh bei mir im Büro treffen?"

Am nächsten Tag erzählte Aaron mir von den schrecklichen Lebensbedingungen vieler Kinder in seinem Land. Mehr Mädchen, als wir uns je vorstellen könnten (oder wollten), würden als Sexsklavinnen verkauft. Im Laufe unseres Gesprächs lud er mich ein, ihn auf eine Trekkingtour zu begleiten. Ich brauchte nicht lange nachzudenken – *ich war dabei*.

Abschied

Ich besuche gerne andere Teile der Welt, um das Evangelium weiterzusagen, aber ich mag keine Abschiede. Da ich sehr oft nach Übersee fliege – und dies durchaus nicht immer an Orte, die das US-Außenministerium als Reiseziele empfehlen würde –, lasse ich Heather und den Kindern jedes Mal einen Brief zurück für den Fall, dass mir etwas zustoßen sollte. Wenn das Schreiben auch kein Vergnügen ist, so ist es doch immer wieder eine wertvolle Erfahrung, weil es mich daran erinnert, wie sehr ich die Meinen liebe.

Diesmal freute ich mich darauf, dass zwei Männer mich auf meiner Tour begleiten würden. Der eine war Chris, ein guter Freund, den ich schon seit Kindertagen kenne. Mittlerweile arbeiten wir in einer Organisation namens „Radical" zusammen. Dieses weltweit tätige, spendenfinanzierte Missionswerk hat es sich zum Ziel gesetzt, der Kirche zu dienen und das Evangelium an Orte in aller Welt zu tragen, in denen größte Not herrscht.

Den zweiten Mann in unserem Team hatte ich gerade erst kennengelernt. Sein Spitzname ist Sigs und seine Aufgabe bestand darin, unsere Erlebnisse in Fotos und Videos festzuhalten. Ich fand sehr schnell heraus, dass Sigs eine abenteuerlustige Seele ist. Außerdem hat er das besondere Talent, mir Fragen zu stellen, die mich ernsthaft ins Nachdenken bringen. Neben seinen persönlichen Sachen hatte er auch noch die Kameraausrüstung im Gepäck, mit Ersatzbatterien und allem Drum und Dran. Denn wenn Sie im Hinterland des Himalaja Steckdosen suchen, um Ihre Geräte aufzuladen … dann viel Glück!

Gute Nachricht?

Während unser Flugzeug eine Zeitzone nach der anderen hinter sich ließ, versuchte ich zunächst zu schlafen. Dann las ich in meiner Bibel und kritzelte ein paar Notizen in mein Tagebuch. Schon jetzt vermisste ich Heather und die Jungs. Ich betete still und intensiv für sie und bat Gott um seinen besonderen Schutz für sie während meiner Abwesenheit.

Dann hatte ich ein interessantes Gespräch mit einem Sitznachbarn. Er hieß Charles und ich erfuhr, dass er aus dem Kongo stammte und blind war. Als er mich an seiner Geschichte teilhaben ließ, erwähnte er auch, dass seine Blindheit auf eine verpfuschte Augenoperation zurückging. Im Laufe unserer Unterhaltung erzählte ich ihm vom Zweck meiner Reise und hatte Gelegenheit, ihm das Evangelium weiterzusagen.

Charles reagierte befremdet, als er erfuhr, dass ich Christ bin. Er berichtete, dass Missionare aus Europa viel Leid über sein Volk gebracht und, wie er versicherte, im Namen Jesu Schreckliches in seinem Land angerichtet hätten. Deshalb hatte Charles leider eine sehr verzerrte Sicht von Jesus.

Es stimmte mich sehr traurig, dass seine Erfahrungen mit der „guten Nachricht", so wie er sie gehört hatte, alles andere als gut waren. Offensichtlich kann das Evangelium in unterschiedlichster Weise verdreht werden und Menschen tatsächlich noch weiter von Gott wegtreiben.

Wie gerne hätte ich Charles davon überzeugt, dass der wahre Jesus nicht so ist wie die Menschen, die ihn so verletzt hatten, aber offenbar gelang es mir nicht. Später schrieb ich in mein Tagebuch, wie sehr ich mir wünschte, die Botschaft Jesu nicht zu verfälschen:

O Gott, das ist das Letzte, was ich möchte. Bitte hilf mir, den Menschen ein richtiges Bild von dir vor Augen zu malen, ein Bild, das sie zu dir hin- und nicht von dir wegzieht.

Tag 1
Ankunft

Aufgeregt, aber müde

Nach dreißig Stunden Flug in der Touristenklasse sind wir völlig erschöpft und übermüdet. Die letzte Etappe unserer Reise hat uns von Europa nach Asien geführt. Als unsere Maschine zum Terminal rollt, meint Chris gähnend: „Jetzt will ich nur noch meine Beine ausstrecken!"

„Wem sagst du das", entgegne ich. Ich blicke über den Gang zu Sigs hinüber. Nachdem er seinen Tisch hochgeklappt und seinen Sitz aufrecht gestellt hat, ist er tatsächlich noch einmal eingenickt. Oh, wie sind wir müde!

Wir angeln nach unserem Handgepäck und machen uns zum Aussteigen bereit. Als wir von der Fluggastbrücke ins Terminal treten, prasselt eine Fülle von neuen Eindrücken, Gerüchen und Geräuschen wie ein Gewitterschauer auf uns ein. Die Leute um uns herum sprechen die unterschiedlichsten Sprachen. Viele Frauen tragen lange, locker fallende bunte Kleider und eine Kopfbedeckung, manche Männer lange, weite, zweireihige Hemden und dazu passende Hosen. Die Flughafenrestaurants verströmen einen einzigartig scharfen Duft von exotischen Gewürzen. Trotz unserer Erschöpfung merken wir sehr schnell, dass wir uns nicht mehr in Kansas befinden.

Etwas orientierungslos stehen wir da und werden langsam unruhig, weil wir nicht genau wissen, was wir nun eigentlich tun oder wo wir hingehen sollen. Die Beschilderung am Flughafen ist verwirrend, wir verstehen die Sprache nicht und können uns aus den gelegentlichen englischen Übersetzungen meist keinen Reim machen.

Im Zweifelsfall der Herde folgen, beschließen wir, packen unsere Bündel und trotten hinter unseren Mitreisenden her in Richtung Zollabfertigung. Stöhnend starren wir auf die lange Schlange, die sich kaum vom Fleck bewegt. Während wir nur im Schneckentempo vorankommen, tauschen wir resignierte Blicke aus. Bestimmt sieht man uns an, was wir – wohl nicht ohne eine gewisse Arroganz – dabei denken: *Denen müsste man mal beibringen, wie ein effizientes System funktioniert!* Aber das ändert nichts. Wir können im Moment nichts weiter tun, als dazustehen und uns gelegentlich einen Schritt weiterzuschleppen.

Nach einer einstündigen Wartezeit, die uns hinlänglich Gelegenheit gegeben hat, unsere Beine auszustrecken, reichen wir endlich einem Beamten unsere Pässe. Er wirft einen Blick auf die Fotos, dann auf unsere Gesichter und versichert sich, dass wir gültige Visa besitzen.

„Warum reisen Sie in dieses Land ein?", fragt er.

„Wir machen eine Trekkingtour im Gebirge", entgegne ich.

Er nickt, stempelt unsere Pässe ab und winkt uns durch.

Da wir alles, was wir brauchen, in unseren Rucksäcken haben, können wir uns den Weg zur Gepäckausgabe sparen. Als wir aus dem Terminalgebäude treten, erwartet uns Aaron bereits. Ich begrüße ihn mit Handschlag und einer herzlichen Umarmung, dann mache ich ihn mit Sigs und Chris bekannt.

„Ihr seht aber müde aus!", bemerkt Aaron grinsend. Wir nicken zustimmend. Er führt uns zu seinem winzigen Kleinbus. Nachdem wir eingestiegen sind – mittlerweile froh, wieder zu sitzen –, lässt er den Motor an, fädelt sich in den Verkehr ein und sagt: „Ich bringe euch jetzt schnell zum Gästehaus. Dort könnt ihr erst einmal schlafen."

Verrückter Verkehr

In dieser riesigen asiatischen Großstadt herrscht selbst mehrere Stunden nach Sonnenuntergang noch dichter Verkehr. Und mit *Verkehr* meine ich Massen von allen erdenklichen zwei-, drei- oder vierrädrigen fahrbaren Untersätzen, angefangen bei Fahrrädern über Rikschas und Rollern bis hin zu Autos, Bussen und Kleinlastern. *Chaos!*

Aaron aber scheinen die andauernden Beinahe-Zusammenstöße nicht sonderlich zu stören. Er schlängelt sich mit seinem Transporter durch das Gewühl und hupt immer wieder kräftig. Hupen haben offenbar ihre ganz eigene Sprache und werden laufend zur Verständigung der Fahrer untereinander betätigt. Mittlerweile sind wir alle hellwach. Der Berufsverkehr bei uns zu Hause ist ein Kinderspiel gegen das, was wir hier erleben. Es ist unmöglich, die Verkehrsregeln zu verstehen (falls es überhaupt welche gibt). Rote Ampeln scheinen eher Vorschlags- als Vorschriftscharakter zu besitzen. An manchen Kreuzungen kommen aus allen Richtungen Fahrzeuge und verbinden sich in der Mitte zu einem Knäuel, bevor sich jeder langsam seinen Weg in die gewünschte Richtung bahnt.

Aber es ist nicht nur dieses Durcheinander, das meine Augen anstrengt; ich merke auch, wie sie von der schlechten Luft anfangen zu brennen. Kein Wunder angesichts der Abgas- und Staubwolken auf den unzureichend befestigten Straßen. Manche der Zweiradfahrer tragen Atemschutzmasken, um sich vor der staubigen Luft zu schützen.

Wir überholen ein Motorrad; der Fahrer hält ein Kind auf dem Schoß, hinter ihm hocken zusammengedrängt vermutlich seine Ehefrau – im Damensitz – mit Baby auf dem Arm und noch zwei weitere Kinder. Wer braucht schon einen Kleinbus, wenn ein Motorrad völlig ausreicht?

Nach einer Stunde in diesem hektischen Verkehr kommen wir am Gästehaus an. Hier werden wir endlich Gelegenheit haben, in unsere Betten zu fallen und zu schlafen. Unser Gepäck wird in einem gesonderten Raum aufbewahrt.

Bevor wir in unsere Zimmer gehen, ruft Aaron uns noch einmal zusammen. Er hat ein paar Infos für uns und versucht uns ein wenig aufzubauen: „Ich weiß, dass ihr nach der langen Reise müde seid. Vermutlich könnt ihr dem Gedanken, morgen noch einmal in die Luft zu steigen, nicht viel abgewinnen. Aber glaubt mir: Der Flug wird euch unvergesslich bleiben!"

Ich muss das aufschreiben

Ich ziehe mich in mein Gästezimmer zurück, das nur mit einem Bett und einem Nachttisch möbliert ist. Ein kleines Fenster ist nach draußen geöffnet und lässt eine kühle Brise sanft in den Raum wehen. Mit dem leichten Wind jedoch dringt auch der unaufhörliche Lärm der Straße ins Zimmer, wo Männer, Frauen, Autos und Motorräder anscheinend rund um die Uhr unterwegs sind.

Beim Zubettgehen ziehe ich mein Tagebuch aus meinem Rucksack. Vor Jahren hat mich einmal ein Mentor ermutigt, über meine Beziehung zu Gott Tagebuch zu führen. Seit dieser Zeit halte ich meine Gedanken schriftlich fest – Gedanken über das, was Gott mich in seinem Wort lehrt und wie ich ihn in meinem Leben und in meinem Umfeld wirken sehe. Dieses Nachdenken mündet immer unwillkürlich in Lob- und Dankgebete, in Bitten für mein Leben und Fürbitten für andere. Ich kann nicht behaupten, seitdem jeden Tag etwas hineingeschrieben zu haben. Anfangs habe ich das Tagebuch nur ab und zu zur Hand genommen, in den letzten Jahren aber ist es mir zu einer täglichen Gewohnheit geworden.

Auch wenn mir nun schon fast die Augen zufallen, lese ich die folgenden Verse aus der Schrift (in meiner täglichen Bibellese bin ich in diesem Teil des Lukasevangeliums angelangt):

Es war im fünfzehnten Jahr der Regierung des Kaisers Tiberius; Pontius Pilatus war Gouverneur von Judäa, Herodes regierte als Tetrarch in Galiläa, sein Bruder Philippus in Ituräa und Trachonitis, Lysanias in Abilene; Hohepriester waren Hannas und Kajafas. Da bekam Johannes, der Sohn des Zacharias, in der Wüste von Gott seinen Auftrag. Er durchzog die ganze Jordangegend und rief die Menschen dazu auf, umzukehren und sich taufen zu lassen, um Vergebung der Sünden zu empfangen. So erfüllte sich, was im Buch des Propheten Jesaja steht:

„Hört, eine Stimme ruft in der Wüste: ‚Bereitet dem Herrn den Weg! Ebnet seine Pfade!‘ Jedes Tal soll aufgefüllt und jeder Berg und jeder Hügel abgetragen werden. Krumme Wege müssen begradigt und holprige eben gemacht werden. Und die ganze Welt soll das Heil sehen, das von Gott kommt" (Lukas 3,1–6).

Im Tagebuch notiere in meine Gedanken dazu:

Reden von der Hoffnung. Täler werden aufgefüllt, krumme Wege begradigt und holprige eben gemacht, und alle sollen Gottes Heil sehen. Diese Worte, die Jesaja vor Tausenden von Jahren gesprochen hat, finden im Kommen Jesu Erfüllung. Er ist die Hoffnung, auf den die ganze Geschichte hingedeutet hat.

Ich lese weiter bei Lukas:

Die Menschen kamen in großer Zahl zu Johannes, um sich von ihm taufen zu lassen. Doch er sagte zu ihnen: „Ihr Schlangenbrut! Wer hat euch auf den Gedanken gebracht, ihr könntet dem kommenden Gericht entgehen? Bringt Früchte, die zeigen, dass es euch mit der Umkehr ernst ist, und denkt nicht im Stillen: ‚Wir haben ja Abraham zum Vater!' Ich sage euch: Gott kann Abraham aus diesen Steinen hier Kinder erwecken. Die Axt ist schon an die Wurzel der Bäume gelegt, und jeder Baum, der keine guten Früchte bringt, wird umgehauen und ins Feuer geworfen" (3,7–9).

Umkehr ist viel wichtiger als Religion. Gott stellt klar, dass wir uns auf unserer Religiosität nicht ausruhen können. Wir müssen umkehren. Und echte Umkehr zeigt sich in der Frucht unseres Lebens.

Da fragten ihn die Leute: „Was sollen wir denn tun?"

Johannes gab ihnen zur Antwort: „Wer zwei Hemden hat, soll dem eins geben, der keines hat. Und wer etwas zu essen hat, soll es mit dem teilen, der nichts hat."

Auch Zolleinnehmer kamen, um sich taufen zu lassen; sie fragten ihn: „Meister, was sollen wir tun?"

Johannes erwiderte: „Verlangt nicht mehr von den Leuten, als festgesetzt ist."

„Und wir", fragten einige Soldaten, „was sollen wir denn tun?"

Er antwortete: „Beraubt und erpresst niemand, sondern gebt euch mit eurem Sold zufrieden!" (3,10–14).

Umkehr führt zu einem veränderten Lebensstil. Umkehr erfordert Veränderung.

Das Volk war voll Erwartung, und alle fragten sich, ob Johannes etwa der Messias sei. Doch Johannes erklärte vor allen: „Ich taufe euch mit Wasser. Aber es kommt einer, der stärker ist als ich; ich bin es nicht einmal wert, ihm die Riemen seiner Sandalen zu lösen. Er wird euch mit dem Heiligen Geist und mit Feuer taufen. Er hat die Worfschaufel in der Hand, um die Spreu vom Weizen zu trennen. Den Weizen wird er in die Scheune bringen, die Spreu aber wird er in nie erlöschendem Feuer verbrennen." Mit diesen und noch vielen anderen ernsten Worten verkündete Johannes dem Volk die Botschaft Gottes (3,15-18).

Es ist eindeutig: Die Gute Nachricht – das Evangelium – beinhaltet auch eine Kehrseite, eine Warnung vor dem kommenden Gericht, sogar vor einem nie erlöschenden Feuer. Herr, hilf mir, dieses Evangelium zu verstehen; zu ermessen, was es bedeutet, dass dein Zorn tatsächlich über all diejenigen kommen wird, die nicht umkehren und an Jesus glauben. Und doch kann ich diese Wahrheit wohl nicht einmal in Ansätzen verstehen oder fassen. Es fällt mir viel leichter zu glauben, dass du denen gnädig bist, die umkehren und Jesus vertrauen.

Mit meinem Tagebuch und meiner Bibel auf der Brust schlafe ich ein.

Zum Nachdenken

Da ich in diesem Buch meine Erfahrungen auf den Pfaden des Himalaja mit Ihnen teilen möchte, werde ich jeden Tag unserer Trekkingtour mit ein paar Fragen abschließen. Sie sollen Ihnen helfen, von dieser Reise möglichst viel für sich mitzunehmen. Also stellen Sie sich vor, Sie liegen am Ende dieses Tages in einem Gästebett (ab morgen dann in einem kalten Schlafsack), während Sie diese Fragen durchdenken und vielleicht eigene Gedanken oder Gebete aufschreiben, die Ihnen in den Sinn kommen.

• Was würde Sie vor einer solchen Tour am meisten nervös machen? Was würden Sie daran am aufregendsten finden?

• Was ist für Sie am Evangelium am schwersten zu verstehen?

Tag 2
Noch ein weiter Weg vor der Nacht

An den Enden der Erde

Am nächsten Morgen kommen wir in aller Frühe an einer maroden Flugzeughalle an. Vier Personen begleiten mich: außer Sigs, Chris und Aaron auch Nabin, der in diesem Land geboren ist und nun mit Aaron zusammenarbeitet. Er wird bei den Begegnungen mit Einheimischen für uns dolmetschen.

Aaron ruft uns zu sich und sagt: „Wir befinden uns hier ungefähr 1500 Meter über dem Meeresspiegel, werden aber gleich bis auf fast 4000 Meter aufsteigen. Deshalb empfehle ich euch dringend, diese Tabletten als Vorbeugung gegen Höhenkrankheit zu nehmen, bevor wir abheben."

Er reicht jedem von uns eine Tablette. Wir nehmen seine Warnung ernst, schlucken das Medikament auch gleich und spülen es mit Wasser aus unserer Wasserflasche hinunter.

Als wir auf den wartenden Hubschrauber zugehen, werde ich zusehends nervös. Ich muss an den bisher einzigen Helikopterflug meines Lebens denken. Ich war zum Predigen nach Hawaii eingeladen worden und hatte gerne zugesagt. Meine Frau begleitete mich. Als Heather und ich an einem Tag etwas Zeit für uns fanden, machten wir einen Hubschrauberrundflug über die Berge. Während meine Frau den Ausblick auf die Wasserfälle sichtlich genoss, blickte ich stur auf die Tasche auf meinem Schoß und machte mich darauf gefasst, jeden Moment mein Mittagessen wieder von mir zu geben. Es war keine gute Erfahrung.

Jetzt kommt der Pilot zu uns herüber und warnt uns insbesondere vor der Gefahr, von den Rotoren getroffen zu werden: „Nähern Sie sich dem Helikopter immer von vorne, wo ich Sie sehen kann, und nehmen Sie nach dem Aussteigen denselben Weg zurück", erklärt er. „Gehen Sie tief geduckt und drücken Sie Ihr Gepäck ständig an sich. Halten Sie nichts über Augenhöhe, damit es nicht weggeblasen wird. Und sollte das doch passieren, versuchen Sie nicht, es wieder einzufangen. Denn damit riskieren Sie, einen Arm zu verlieren, nur um Ihren Hut zu behalten."

„Und noch etwas", fügt er mit einer Miene hinzu, die nahelegt, dass dies schon viele Leute versucht haben, „bleiben Sie auf keinen Fall unter den laufenden Rotoren stehen, um ein Selfie zu schießen. Steigen Sie zügig ein und aus." Langsam lässt jeder von uns sein Handy in die Hosentasche gleiten.

„Wenn Sie sitzen, dann schnallen Sie sich an und genießen Sie den Flug", schließt der Pilot seine Anweisungen. „Sollte es einen Notfall geben, bleiben Sie ruhig und folgen Sie meinen Anweisungen."

Ernüchtert von der Tatsache, dass ein Notfall im Bereich des Möglichen ist, versammeln wir uns etwas befangen zu einem Gruppenbild vor dem Hubschrauber (bevor die Rotoren starten!). Danach laden wir unsere Rucksäcke in die auf der Seite angebrachten Körbe, klettern auf unsere Sitze und schnallen uns an. Der Pilot startet die Rotoren und der Lärm des Hubschraubers erfüllt die Kabine. Da es nun praktisch unmöglich ist, irgendein Wort zu verstehen, ist jeder von uns mit seinen Gedanken alleine.

Wir heben langsam ab und bald zeichnet sich eine traumhafte Szenerie ab. Mittlerweile haben wir Lärm, Staub und Verkehrschaos hinter uns gelassen und sehen unter uns eine bunte Mischung aus weißen, gelben und orangefarbenen Gebäuden. Vor unseren Augen dehnt sich ein schier endloser Großstadtdschungel, den hier am

Fuße des Himalaja Millionen Menschen ihr Zuhause nennen. Nach und nach können wir die Gipfel, die die Einheimischen „Hügel" nennen – in 1800, 2 500 und 3 000 Metern Höhe –, von oben betrachten. In anderen Teilen der Welt würden sie als höchst imposante Berge gelten. Nicht so hier.

Dem Großstadtdunst entronnen, begreifen wir nun auch, warum sie als „Hügel" bezeichnet werden. Denn plötzlich tauchen Berge vor unseren Augen auf, die bis in den Himmel zu reichen scheinen. Sie sind so hoch, dass ich den Kopf weit in den Nacken legen muss, um einen Blick auf ihre Gipfel zu erhaschen. Die Szenerie ist atemberaubend. Unter uns ein sattgrünes Tal, wie ein saftiges Band aus Wäldern und Feldern, das sich zwischen den Bergen hindurchzieht. Aber ich kann die Augen gar nicht abwenden von den Gipfeln, die sich vor uns auftürmen und deren schneebedeckte Häupter in der Morgensonne glitzern, als seien sie mit weißen Juwelen besetzt.

Ein Lächeln geht über mein Gesicht. Ich bin wie ein kleines Kind, das ein unerwartetes Geschenk bekommt. Diese majestätischen Berge liegen nun direkt vor meinen Augen. Kurz überlege ich, ob ich nicht mein Handy herausziehen und ein Foto schießen soll, aber ich weiß genau, dass es dem Anblick nicht gerecht würde. So sitze ich einfach da und nehme staunend und ehrfürchtig alle Eindrücke in mich auf.

Die nächsten dreißig Minuten schwebt der Hubschrauber zwischen diesen Riesen hindurch. Ich habe schon von Bergen wie Mount Everest, Annapurna, Manaslu und Lhotse gehört, aber nun darf ich solche Giganten mit eigenen Augen sehen. Ich bin überwältigt von ihrer majestätischen Größe und dem Gefühl der Verletzlichkeit, das sie in mir auslösen.

Flüge wie dieser sind gefährlich. Wenn es jetzt ein Problem gibt, ist es aus mit uns, schießt es mir durch den Kopf. Ich komme mir vor, als sei ich mit einem Floß ein wenig zu weit aufs Meer hinausgefahren: Für einige Sekunden fühlt man sich hilflos, bis man es schafft, wieder näher an den Strand zu paddeln. Aber die Furcht beim Fliegen hoch über diesen Tälern zwischen den gewaltigen Bergen hindurch währt länger als einige Sekunden. Still bete ich um unsere Sicherheit und merke, dass dieses Gefühl von Hilflosigkeit, von Verletzlichkeit so schnell nicht vergehen wird.

Der Gedanke an Psalm 65 tröstet mich:

… du Gott, der uns Rettung schenkt,
du Zuversicht aller, die auf der Erde wohnen,
von den abgelegensten Enden bis zu den fernsten
Meeresküsten.
Du bist es, der die Berge gründet in seiner Kraft,
Stärke umgibt dich.
Das Tosen der Meere bringst du zur Ruhe,
das Brausen ihrer Wogen genauso wie den Aufruhr der
Völker.
Selbst in den fernen Gegenden der Erde haben die
Menschen große Ehrfurcht vor deinen Wundern …
(Psalm 65,6–9).

Die letzte Zeile sagt alles. Ich fühle mich, als sei ich dort – buchstäblich an den Enden der Erde –, und ich kann tatsächlich nur ehrfürchtig staunen vor seinen Wundern. Nun bin ich ruhiger. Der Psalm hat mich daran erinnert, dass mein Leben in den Händen des Einen liegt, der „die Berge gegründet" hat.

Als sich der halbstündige Flug seinem Ende zuneigt, dreht der Hubschrauber einige Kreise und landet auf einer kleinen, aber ebenen Hochfläche in einem Ort namens Bumthang. Da der Pilot sofort wieder zurückfliegen will, lässt er die Rotoren laufen. „Steigen Sie aus, nehmen Sie Ihr Gepäck an sich und gehen Sie schnell zur Seite", schreit er.

Im Gänsemarsch flüchten wir geduckt und mit gesenktem Kopf aus der Gefahrenzone, unsere Rucksäcke an uns gedrückt. Als wir in Sicherheit sind, beobachten wir, wie der große Vogel abhebt und wieder ins Tal hinunterschwebt. Schon bald ist er aus unserem Sichtfeld verschwunden. Der Lärm des Helikopters weicht einer großen Stille. Wir stehen regungslos da, völlig verzaubert von der großartigen Kulisse, die uns umgibt.

„Und, was sagt ihr?", bricht Aaron das Schweigen mit einem wissenden Lächeln.

Als Prediger bin ich nur selten sprachlos, aber in diesem Augenblick bin ich es tatsächlich.

Omeletts und Chai

Lange jedoch bleibe ich nicht still, denn ein frostiger, beißender Wind bläst mir um die Ohren. „Ich glaube, mir ist kalt! Richtig kalt!", sage ich.

Dank des beheizten Cockpits im Hubschrauber haben wir es während des Flugs gar nicht bemerkt: War die Luft im Tal zwar kühl, herrscht nun eine eisige Kälte. Es hätte uns auffallen können, dass die Schneedecke mit zunehmender Höhe immer dicker wurde.

„Ja, es ist kalt!", bestätigt Aaron lachend. „Ungefähr minus zehn Grad Celsius!"

Während meine Füße verschwinden und ich bis weit über die Knöchel in das unberührte Weiß sinke, hoffe ich inständig, dass meine Stiefel tatsächlich wasserdicht sind. Ich bin froh, dass ich wie meine Begleiter mehrere Lagen Kleidung übereinandergezogen habe: An den Füßen trage ich Wollsocken, an den Beinen lange Unterhosen und wasserdichte Hosen; am Oberkörper Unterhemd, Langarmshirt, Daunenjacke und eine schnee- und regendichte Außenjacke und dazu eine warme Mütze und Handschuhe.

Unser Atem bildet in der Kälte kleine weiße Wölkchen, während wir unsere Rucksäcke schultern und hundertfünfzig oder zweihundert Meter zu einem Teehaus im nahe gelegenen Dorf marschieren. Es ist aus Holz gebaut und hat zwei kleine Räume: In einem steht ein Tisch mit Hockern drum herum, der andere dient als Küche. Auch wenn das Haus nicht beheizt ist – nur das Feuer in der Küche strahlt etwas Wärme ab –, bietet es doch einen angenehmen Windschutz.

Als wir um den Tisch Platz genommen haben, begrüßt uns der Wirt. Aaron bestellt Brot und für jeden von uns ein Omelett, das aus einem verrührten und glatt gestrichenen Ei besteht. Während wir auf unser Essen warten, serviert uns der Wirt Masala-Tee (den Abendländer als Chai bezeichnen). Manche lieben ihn, andere weniger. Ich zähle mich eher zu Letzteren, aber in diesem Moment ist mir jedes heiße Getränk recht.

Inzwischen erklärt uns Aaron auch, was uns in den nächsten Tagen erwartet. „Gut", beginnt er, „ich bin total gespannt auf diese Tour mit euch. Am Anfang habe ich gezögert, ob ich wirklich Leute mit hier heraufnehmen soll. Denn ich muss euch ehrlich sagen: Jedermanns Ding ist das nicht. Manches, was ihr sehen werdet, wird euch zutiefst erschüttern. Aber in euren Herzen werden hier oben in den Bergen ganz einzigartige Dinge passieren. Ich bin also richtig froh, dass ihr euch darauf eingelassen habt."

Während wir dasitzen und unseren Tee schlürfen, erzählt uns Aaron von seiner ersten Reise in den Himalaja. „Vor zwanzig Jahren kam ich mit ein paar Studienfreunden hierher. Wir wollten einfach wandern, die Eindrücke in uns aufnehmen und eine Zeit lang Alternativurlaub machen. Wir waren noch nicht lange aufgestiegen, als ich auf unserer ersten Rast Menschen begegnete, die körperlich und geistlich so in Not waren, wie ich es noch nie zuvor gesehen hatte. Ich erzähle euch später noch mehr davon. Jetzt nur so viel: Ich war so fassungslos, dass ich nicht mehr schlafen konnte. Ich weinte die ganze Nacht. Am nächsten Morgen sagte ich zu meinen Freunden, dass ich nicht mehr weitergehen könne. Ich packte meinen Rucksack und stieg alleine wieder ab. Was ich tun würde, wusste ich zwar noch nicht, aber es war mir klar, dass ich diesen Menschen irgendwie helfen musste. Es ist eine lange Geschichte. Aber seit dieser Zeit versuche ich, die Hoffnung von Jesus Christus in diese Not hineinzutragen."

„Kannst du ein bisschen mehr darüber sagen, was bei dir so einen tiefen Eindruck hinterlassen hat?", fragt Sigs.

„Gerne. In dieser Gegend leben ungefähr neun Millionen Menschen. Unter diesen neun Millionen sind vermutlich noch nicht einmal einhundert, die Jesus nachfolgen. Tatsache ist: Die meisten Leute haben hier noch nicht einmal von Jesus gehört. Diese Region ist die Geburtsstätte des Hinduismus und des Buddhismus. Christen findet man hier kaum."

„Das ist erstaunlich", meint Chris. „Wenn man sich überlegt, dass selbst nach zweitausend Jahren das Evangelium immer noch nicht bei den Menschen in diesen Dörfern angekommen ist."

„Das ist die geistliche Seite", fährt Aaron fort. „Die Leute hier sind aber auch bitterarm und benachteiligt. Als ich zum ersten Mal in diese Dörfer kam, erfuhr ich, dass jedes zweite Kind noch vor dem achten Geburtstag stirbt. Viele erleben noch nicht einmal ihren ersten."

Die Hälfte der Kinder? Ungläubig schütteln wir den Kopf. Ich denke an meine eigenen Kinder – Caleb, Joshua, Mara und Isaiah. Wie ich jedes einzelne liebe! Unvorstellbar für mich, zwei von ihnen zu verlieren. Als seien Caleb oder Joshua schon tot und Mara oder Isaiah könnten jederzeit sterben. Es ist eine meiner größten Ängste, eines meiner Kinder zu verlieren – ich kann gar nicht nachvollziehen, wie es wohl ist, ständig damit rechnen zu müssen.

Nun bringt uns der Wirt unser Essen und richtet für jeden von uns sorgfältig einen Teller her. Doch nach Aarons Worten über die Kinder ist uns gar nicht mehr nach Essen zumute. Mir ist der Appetit vergangen.

„Ihr müsst etwas essen", erklärt Aaron. „Später erzähle ich euch mehr. Ich möchte nur, dass ihr vorbereitet seid. Hier herrscht wirklich große Not."

Wir nehmen uns seinen Ratschlag zu Herzen und zwingen uns, unser Omelett und etwas Brot zu essen.

Aaron hat recht. Noch ahnt niemand von uns, womit wir gleich im ersten Dorf konfrontiert werden würden.

Blindheit

„Setzt eure Sonnenbrillen auf", rät uns Aaron, als wir draußen vor dem Teehaus unsere Rucksäcke auf die Schultern nehmen. Er zeigt zum blauen Himmel, an dem die Sonne strahlt. „Bei der gleißenden Sonne und dem Schnee hier oben seid ihr ohne Sonnenbrille blind, ehe ihr es euch verseht."

„Meinst du das ernst?", frage ich.

„Ja, das nennt sich Schneeblindheit. So eine Art Sonnenbrand in den Augen. Und genau wie beim Sonnenbrand: Wenn du die ersten Symptome bemerkst, ist es schon zu spät. Man kann blinde Flecken bekommen oder für einen oder zwei Tage völlig blind sein ... im schlimmsten Fall sogar für immer."

Schleunigst schützen wir unsere Augen und machen uns auf den Weg. Von einem *Weg* kann man streng genommen gar nicht sprechen. Ich habe eher den Eindruck, wir bahnen uns unseren eigenen Pfad durch den Schnee. Aber es ist traumhaft. Auf allen Seiten sind wir von schneebedeckten Gipfeln umgeben.

Der Berg zu unserer Rechten ist über 8 000 Meter hoch. Um Ihnen eine Vorstellung zu geben: Wir wandern hier auf einer Höhe von etwa 4 000 Metern. Das ist etwa vergleichbar mit Eiger, Mönch und Jungfrau in der Schweiz. Wir haben also einen Berg vor Augen, der so hoch ist wie zwei solche 4 000er übereinandergestapelt!

Nach mehreren kleinen Auf- und Abstiegen gelangen wir nach knappen fünfhundert Metern in ein Dorf mit nur wenigen Häusern. Dort sehen wir einen Mann aus seiner Haustür herauskommen. Er trägt ein zerlumptes beigefarbenes Hemd und eine zerrissene braune Jacke, die so durchlöchert ist, dass sie wohl kaum noch ihren Zweck erfüllt. Sein rabenschwarzes Haar, sein grauer Bart und seine raue bronzefarbene Haut sehen aus wie wochenlang nicht gewaschen. Das eigentlich Auffällige an diesem Mann ist aber etwas anderes: Er hat nur ein Auge.

Aaron begrüßt ihn in der Sprache der Einheimischen, worauf der Mann ganz leise eine Antwort murmelt und dabei mit seinem einen Auge beschämt zu Boden blickt.

„Wie heißen Sie?", fragt Aaron und bedeutet Nabin, für ihn zu übersetzen. Aaron beherrscht die Regionalsprache zwar ziemlich gut, aber Nabin stammt aus einem dieser Dörfer und spricht gleichzeitig gut Englisch, sodass eine sehr viel fließendere und genauere Kommunikation möglich ist.

Der Mann sieht auf. Als ich in seine Augenhöhle blicke, kann ich in seinen Schädel hineinsehen.

„Kamal", entgegnet er und deckt das Loch in seinem Gesicht mit einem baumwollartigen Tupfer ab.

Nach ein paar Minuten Small Talk mit Nabin als Dolmetscher fragt Aaron: „Darf ich Sie fragen, was mit Ihrem Auge passiert ist?"

Wieder senkt Kamal den Blick und erwidert: „Vor ein paar Monaten hat es sich entzündet. Am Anfang hat es nur gejuckt und geträrt. Zuerst habe ich mir nicht viel dabei gedacht, aber dann wurde es schlimmer. Ich hatte tagelang einen stechenden Schmerz im Kopf. Schließlich ist mein Auge herausgefallen."

Aaron fragt noch weiter nach und Kamal erzählt, dass seine Wange immer mehr einfällt und sein Gehör stark nachgelassen hat. Beim Zuhören geht mir auf, was hier passiert. Ohne medizinische Hilfe wird sich Kamals Infektion bald auf seinen ganzen Kopf ausbreiten und könnte ihn am Ende sogar das Leben kosten.

Aaron lenkt das Gespräch nun in eine andere Richtung und fragt: „Haben Sie schon einmal von Jesus gehört?"

Kamals Blick verrät Verwirrung. „Nein, wer ist das? Der Name sagt mir nichts." Es ist, als ginge es um einen Mann aus dem nächsten Dorf, dem Kamal noch nie begegnet ist.

Aaron beginnt die Geschichte von Jesus zu erzählen, aber Kamal versteht nicht, welche Bedeutung ein Mann haben soll, der vor zweitausend Jahren gelebt hat. Als Aaron geendet hat, senkt Kamal den Blick und sagt nur: „Ich brauche Hilfe für mein Auge."

Aaron arbeitet schon seit einiger Zeit am Aufbau einer Klinik weiter unten am Berg mit und er versichert Kamal, Hilfe zu holen.

„Darf ich für Sie beten?", fragt er Kamal.

Der ist zwar offensichtlich immer noch verwirrt, sagt aber Ja.

Bis zu den Knien im Schnee eingesunken und zitternd vor Kälte stellen wir uns um Kamal herum und beten zu Gott um Hilfe für ihn – im Namen Jesu.

Gebet im Glauben

Aber selbst unsere Gebete fühlen sich leer an. Zumindest mir kommt es so vor. Ich weiß, dass das nicht so sein sollte. Denn es ist mir klar, wie wichtig das Gebet ist. Was könnte wertvoller sein, als Kamals Lage vor Gott zu bringen? Aber als wir Amen sagen, muss ich mir eingestehen, dass ich nicht wirklich darauf vertraue, dass die Worte, die wir gerade gesprochen haben, tatsächlich etwas bewirken werden.

Natürlich ist es in diesem Moment geboten, für diesen Mann zu beten, aber ich halte es eigentlich gar nicht für möglich, dass Gott Kamal durch ein Wunder auf der Stelle heilt. Und ehrlich gesagt erwarte ich nicht einmal, dass sich für Kamal überhaupt etwas ändert. Es fühlt sich so leer an, für jemanden zu beten, wenn man tief im Inneren nicht überzeugt ist, dass dieses Gebet eine Bedeutung hat.

Bestimmt ist Gebet nicht so gedacht. Das predige ich selbst immer wieder. Warum also habe ich diese Zweifel in meinem Hinterkopf und in meinem Herzen?

So niedergedrückt ich in diesem Augenblick über meinen eigenen Glauben bin, der mir so inhaltsleer vorkommt, so sehr ermutigt es mich, Aaron ganz anders zu erleben. Während wir das Dorf hinter uns lassen, erzählt er uns mehr über die Klinik, die sie weiter unten entlang dieses Wegs aufgebaut haben. Dort bekomme Kamal nicht nur medizinische Hilfe, sondern habe auch die Chance, mehr von Jesus zu erfahren. Mit anderen Worten: Ich sehe in Aaron jemanden vor mir, der tatsächlich glaubt, was er gerade gebetet hat – dass wir zu dem einen wahren Gott gesprochen haben, der alle Macht der Welt hat, Kamal zu helfen. Aaron vertraut darauf so felsenfest, dass er sich Gott als Werkzeug zur Verfügung stellt, durch das seine eigenen Gebete beantwortet werden.

Wie gerne würde ich in diesem Glauben beten – und nicht nur so über das Gebet reden.

Existenzielle Not

Hinter Kamals Dorf wird unser Pfad wesentlich schmaler. Wir wandern nun nicht mehr über eine Hochfläche, sondern an einem Berg entlang. Stellen Sie sich vor, Sie blicken zu Ihrer Linken in eine steile, tiefe Schlucht hinab – da kann es einem tatsächlich mulmig werden. Wenn Sie jetzt ausrutschen, stürzen Sie unaufhaltsam in die Tiefe – und in den sicheren Tod.

Für zwei Leute nebeneinander ist dieser Bergpfad nicht breit genug. So gehen wir im Gänsemarsch, jeder hoch konzentriert auf seine eigenen Schritte. Ein tiefergehendes Gespräch ist dabei natürlich nicht möglich und ich bin mit meinen Gedanken alleine. Während ich unser Erlebnis im Dorf Revue passieren und mir Aarons Worte durch den Kopf gehen lasse, geht mir auf: Dies war ein lebendes Beispiel für „existenzielle geistliche und körperliche Not". Menschlich gesehen ist Kamal dem Tod geweiht, da offenbar keine Hilfe in Sicht ist. Und geistlich gesehen hatte er bis vor zwanzig Minuten noch nie den Namen des Einzigen gehört, der die Macht hat, ihn aus Sünde und Tod zu erretten.

Ich frage mich: *Ist körperliche und geistliche Not gleichermaßen existenziell? Was braucht Kamal am dringendsten?*

Natürlich könnte man argumentieren, Kamal müsse zuallererst medizinische Hilfe erhalten. Was er jetzt brauche, sei keine Geschichte über Jesus, sondern vielmehr ein Arzt. Und doch könnte jemand anders dagegenhalten, Kamal habe es noch viel nötiger, von Jesus zu hören. Schließlich sei es doch der Auftrag der Kirche, Menschen zu Jüngern zu machen, und nicht, sich um leibliche Nöte zu kümmern. In diesem Augenblick erscheint mir beides gleich dringlich. Weder das eine noch das andere dürfen wir ausklammern. Und wenn wir gar beides vernachlässigen, sind wir selbst vielleicht die eigentlich Blinden.

Ausbruch der Cholera

Nach einiger Zeit wird der Weg breiter und führt vom Bergrücken weg. So können wir wieder nebeneinanderher gehen. Oder auch ab und zu eine kleine Pause einlegen und mit Passanten plaudern.

Genau dies geschieht, als Aaron einen Mann sieht, der uns mit seinem etwa einjährigen Sohn entgegenkommt. Als sie einander erblicken, lächeln sie sich an und umarmen sich herzlich. Aaron bedeutet unserer Gruppe stehen zu bleiben und stellt uns einander vor: „Das sind Sijan und sein kleiner Sohn Amir."

Mittlerweile haben wir alle den Gruß der Einheimischen gelernt, begrüßen sie in ihrer Sprache, lächeln und deuten eine Verbeugung an.

„Sijan und Amir kommen aus einem Dorf, das dort direkt am Weg liegt", erklärt Aaron und zeigt auf einen Bergrücken zu unserer Linken. „Vor nicht einmal einem Jahr ist kurz nach Amirs Geburt in diesem Dorf die Cholera ausgebrochen. Ich weiß nicht, wie viel ihr über diese Krankheit wisst. Sie wird durch Bakterien in Nahrungsmitteln oder Trinkwasser ausgelöst und kann tödlich enden."

Das erinnert mich daran, dass Aaron uns von Anfang an eingeschärft hat, nur kochend heißen Tee und gefiltertes Wasser aus unseren Wasserflaschen zu trinken.

„Menschen, die verseuchte Nahrungsmittel gegessen oder kontaminiertes Wasser getrunken haben, bekommen wässrigen Durchfall und trocknen sehr schnell lebensbedrohlich aus", fährt Aaron fort. „Mit den richtigen Mitteln ist Cholera einfach zu behandeln. Die Patienten bekommen Lösungen zu trinken, die den Flüssigkeitshaushalt auffüllen, kombiniert mit Antibiotika. Damit erholen sich 99 Prozent schnell. Bleibt Cholera jedoch unbehandelt, sterben Kinder und auch Erwachsene innerhalb weniger Tage, manchmal sogar innerhalb weniger Stunden."

Aaron hält inne, blickt Sijan und Amir bedeutungsvoll an und redet weiter. „Genau das ist in Sijans Dorf passiert. Durch mangelnde Hygiene und verschmutztes Wasser haben sich die Menschen mit Cholera infiziert und sie hat sich rasant ausgebreitet. Mittel zur Behandlung gab es nicht und innerhalb von Stunden hatten sich Menschen aller Altersgruppen angesteckt. Nach ein paar Tagen waren sechzig von ihnen gestorben."

Wir sind fassungslos. Können Sie sich vorstellen, dass sechzig Menschen in Ihrer unmittelbaren Nachbarschaft innerhalb von zwei Tagen an Durchfall sterben, darunter auch nahe Angehörige?

„Fast jeder Haushalt war betroffen", berichtet Aaron. „Zu den sechzig Toten zählten auch ein Sohn und eine Tochter von Sijan, Amirs ältere Geschwister."

Und als sei dies alles noch nicht genug, erzählt Aaron uns noch den Schluss der Geschichte. „Diese traumatische Erfahrung hat Sijans Ehefrau – Amirs Mutter – in eine tiefe Depression und Verzweiflung gestürzt. Sie wurde nicht damit fertig, zwei ihrer drei Kinder verloren zu haben, dazu so viele Freunde und Verwandte. Eines Tages nahm sie einen Strick und erhängte sich damit an einem Baum."

Während Aaron uns diese tragischen Ereignisse auf Englisch berichtet, blicken wir zu Sijan hinüber. Er versteht die Worte nicht und beachtet Aaron deshalb gar nicht so sehr. Stattdessen sieht er seinen Sohn an, den er in den Armen hält. Vor einem Jahr hatte er noch eine Frau und drei Kinder. Nun lebt er mit seinem kleinen Jungen alleine.

„In der Zeit nach dem Tod seiner Frau vertraute Sijan Amir anderen Frauen im Dorf an, die ihn stillten und damit am Leben hielten."

Während ich diese Geschichte höre und den Vater mit seinem Sohn so ansehe, deren Leben sich für immer verändert hat, muss ich an einen Zeitungsartikel denken. Es war darin von 725 Cholerafällen im Jemen die Rede. Die Weltgesundheitsorganisation sprach vom „schlimmsten Choleraausbruch weltweit"[1]. Auf diesem Pfad in den Bergen geht mir ganz neu auf: Diese Cholerafälle sind nicht einfach nur Zahlen. Es sind Menschen wie Sijan und Amir. Es sind kleine Jungen und ihre Väter, Mütter und ihre Töchter, es sind Großeltern – sie alle sterben an vermeidbaren Krankheiten. Welch unermessliche Not!

Vor meiner Abreise zu dieser Tour hat einer meiner Söhne ein Armband gebastelt. Ich solle es auf meiner Reise einem Kind schenken. Natürlich weiß ich sehr gut, dass ein Armband nicht das ist, was Amir im Moment am nötigsten hat. Dennoch möchte ich ihm und seinem Vater etwas schenken und ihnen damit zeigen, dass Menschen auf der anderen Seite des Erdballs an ihrem Ergehen Anteil nehmen. Ich ziehe also das Armband aus der Tasche und sage (übersetzt von Aaron) zu Sijan: „Mein kleiner Sohn hat dieses Armband für Ihren kleinen Sohn gebastelt. Ich möchte es Ihnen schenken. Sie sollen wissen, dass meine Familie für Sie betet."

Sijan nimmt das Armband und streift es lächelnd seinem Sohn über das Handgelenk. Während ich zusehe, wie Amir zu ergründen versucht, was es mit diesem Ding auf sich hat, unterhalten sich Aaron und Sijan noch ein wenig. Dann verabschieden wir uns und ziehen weiter.

Aaron geht neben mir und erzählt: „Als wir von diesem Choleraausbruch gehört hatten, haben wir sofort Frischwasserfilter und ein Wasserreinigungssystem in Sijans Dorf gebracht. Dem kleinen Amir konnten wir mit einer speziellen Behandlung helfen."

„Das ist fantastisch, Aaron", entgegne ich. Ich bin dankbar, mit jemandem unterwegs zu sein, der angesichts der drückenden Not tatsächlich konkrete Hilfe leistet.

Angekettet in einer Scheune

Gelegentlich bleiben wir am Wegrand stehen, um zu trinken oder unsere Wasserflaschen aufzufüllen. Mehr denn je ist uns bewusst, wie wichtig es ist, sauberes Wasser zu haben. Und wir sind wirklich verwöhnt. Wir alle haben eine Art Filtersystem in unserem Gepäck. Chris und Sigs ziehen jeder einen Beutel aus einer Tasche, füllen ihn mit Wasser und schrauben einen Spezialfilter daran fest. Dann gießen sie das Wasser aus dem Beutel durch den Filter in ihre Wasserflaschen. Mein Filter ist direkt in meiner Flasche integriert. Ich kann sie also direkt in einen Bach halten, auffüllen, den Deckel aufschrauben und aus dem mit Filter versehenen Mundstück trinken. Mehr brauchen wir nicht, um vor Bakterien aller Art geschützt zu sein.

In Sijans Dorf hätten einfache Filter wie diese sechzig Menschenleben retten können, einschließlich drei seiner Familienmitglieder.

Wir versuchen, durch ausreichendes Trinken Austrocknung zu verhindern. Bei den vielen Auf- und Abstiegen auf dieser Höhe verbrennen wir sicherlich mehr Kalorien, als wir bei der kleinen Mahlzeit aus Ei und Brot ein paar Stunden zuvor zu uns genommen haben.

Es ist nun fast Mittagszeit und wir freuen uns alle auf ein Mittagessen und eine Pause von der anstrengenden Bergtour. Im nächsten Dorf finden wir wieder ein Teehaus, stellen unser Gepäck draußen ab und drängen uns hinein, lechzend nach Wärme, Wasser und etwas Nahrhaftem.

Aaron bestellt Tee, Brot und Dal, eine Suppe aus Linsen und Gewürzen. Während wir am Tisch sitzen und auf unser Essen warten, wendet sich Chris an Nabin, unseren Dolmetscher, und fragt:

„Nabin, du bist in diesen großartigen Bergen geboren und aufgewachsen. Wo genau kommst du her und wie war deine Kindheit in dieser Gegend?"

Chris wollte uns die Wartezeit auf unsere Mahlzeit eigentlich nur mit ein wenig Small Talk verkürzen. Stattdessen werden uns ausführlich die Lebensbedingungen vor Augen geführt, die hier oben herrschen. Es ist ernüchternd. Nabin wirkt mit seinen zwanzig Jahren zwar kräftig und zäh, ist aber sehr bescheiden und spricht leise. Langsam und betont sagt er: „Ich bin nicht weit von hier aufgewachsen. Meine Mutter starb, als ich noch klein war, und das war für meinen Vater und mich ein schwerer Schlag. Mein Vater war sehr böse. Eines Tages traf er eine andere Frau und beschloss Hals über Kopf, sie zu heiraten. Meine Stiefmutter hatte selbst Kinder und mochte mich nicht. Irgendwann mochte auch mein Vater mich nicht mehr und begann mich zu schlagen. Er nahm eine heiße Rute aus dem Feuer und legte sie mir über den Rücken."

Während Nabin weiterspricht, beugt sich Aaron zu mir herüber und flüstert: „Nabin hat aus dieser Zeit immer noch Narben auf dem Rücken."

Ich bin fassungslos. Nie hätte ich mir vorstellen können, dass Nabin eine solche Kindheit erlebt hat und dass sein abgetragenes Hemd die Spuren einer derartigen Misshandlung verbergen könnte.

„Eines Tages hielt ich es nicht mehr aus und beschloss, von zu Hause wegzulaufen und in die Berge zu fliehen", erzählt Nabin.

„Wie alt warst du damals?", frage ich.

„Ungefähr sieben."

Entsetzt versuche ich mir vorzustellen, dass einer meiner eigenen Söhne mit sieben Jahren in die Berge flieht – alleine und getrieben von Angst. Mehr Angst vor seinem Vater – mir – als vor den Gefahren der Berge.

„Ein paar Tage ging es mir gut – bis mich mein Vater fand", fährt Nabin fort. „Das war kein guter Tag. Er packte mich an den Füßen hoch und schlug meinen Körper gegen die Felsen. Danach brachte er mich wieder heim, aber ich durfte nicht mehr im Haus leben. Mein Vater und meine Stiefmutter ketteten mich draußen in einer Scheune an. Und da blieb ich."

„Wie lange warst du in dieser Scheune angekettet?", fragt Chris.

„Bis Aaron mich gefunden hat."

An diesem Punkt in Nabins Geschichte kommt unser Essen. Unsere Gastwirtin serviert jedem von uns eine dampfende Schüssel Linsensuppe. In die Mitte des Tisches legt sie einen Stapel mit Roti, runden, flachen Broten, wie man sie in diesem Teil der Welt gerne isst. Aaron betet, dankt Gott für das Essen. Während wir unsere Suppe löffeln, erzählt uns Aaron Nabins Geschichte weiter.

„Eines Tages war ich in dieser Gegend auf einer Wanderung. Es war schon spät und ich brauchte eine Übernachtungsmöglichkeit. Ich machte also in einem Dorf halt und klopfte wahllos an irgendeiner Haustür. Als sie geöffnet wurde, fragte ich die Leute, ob sie mich für die Nacht aufnehmen könnten. Ein Zimmer hätten sie nicht für mich, sagten sie, aber wenn ich wolle, könne ich in ihrer Scheune schlafen. Das war immerhin besser als nichts. Ich ging also hinüber, öffnete das Tor, trat ein und schloss das Tor hinter mir. Ich stellte mein Gepäck ab, rollte meinen Schlafsack aus und legte ihn auf den Boden. Dann zog ich meine Schuhe aus und legte mich schlafen.

Kaum lag ich in meinem Schlafsack, hörte ich ein Geräusch. Ich war davon ausgegangen, dass die Tiere woanders untergebracht waren, dachte aber sofort: *Hier muss irgendein Tier ganz in meiner Nähe sein.* Also stand ich auf, knipste meine Taschenlampe an und leuchtete den Bereich um mich herum aus. Was ich entdeckte, war allerdings kein Tier. Im Lichtstrahl meiner Lampe starrten mich die Augen eines etwa achtjährigen Jungen an."

Chris und ich tauschen entsetzte Blicke aus. Das ist unglaublich.

„Leider ist das in dieser Gegend keineswegs eine Seltenheit", erklärt Aaron. „Man hört immer wieder von Eltern, die ihre Kinder in der Scheune einsperren. Das geschieht oft, wenn das Kind eine

Behinderung oder Missbildung hat. Viele Dorfbewohner glauben, diese Kinder seien verflucht. Und den Fluch möchten sie aus ihrem Haus fernhalten. Wir haben einmal ein Kind gefunden, das seit zehn Jahren mit Tieren zusammen angekettet in einer Scheune gelebt hatte. So perplex ich zuerst war, in dieser Scheune nicht allein zu sein, wunderte es mich doch nicht, dass es ein Kind war."

„Was hast du dann gemacht?", fragt Sigs.

Nun schaltet sich Nabin wieder ins Gespräch ein. „Er hat sich um mich gekümmert", berichtet er. „Aaron hat mir geholfen, ein Zuhause zu finden, wo ich versorgt wurde, in die Schule gehen und etwas von Gottes Liebe zu mir erfahren konnte."

Wir alle richten unseren Blick auf Aaron, dem es unangenehm zu sein scheint, so im Mittelpunkt der Aufmerksamkeit zu stehen.

„Ich will euch noch mehr über Nabin erzählen", sagt er. „Vor noch nicht allzu langer Zeit stieß Nabin auf dem Rückweg über einen Bergpfad auf seinen Vater, der ihm mit einem seiner Stiefkinder von oben entgegenkam. Das Kind war krank. Nabins Vater fragte, ob Nabin zu seiner Frau – seiner Stiefmutter – hinaufgehen und für sie sorgen könne, während er Hilfe für sein Stiefkind holte. Mit anderen Worten", fügt Aaron hinzu, „der Vater, der Nabin geschlagen und ihm Brandwunden zugefügt hatte, bat den Jungen nun, für die Mutter zu sorgen, die ihn draußen in der Scheune angekettet hatte. Und was meint ihr, was Nabin getan hat?"

Fassungslos lauschen wir dieser Geschichte. Niemand scheint eine Vermutung äußern zu wollen. Deshalb gibt Aaron selbst die Antwort. „Nabin ist zu seiner Stiefmutter gegangen und hat sich persönlich die nächsten drei Monate um sie gekümmert, bis sein Vater wieder zurückkam."

Nun war es Nabin, dem die Aufmerksamkeit unangenehm war. „Vielleicht sollten wir uns lieber aufmachen. Wir haben noch einen weiten Weg vor uns, bis es dunkel wird."

Nachdem wir alle aufgegessen haben, ist es ein guter Zeitpunkt zum Aufbruch. Aber ich betrachte Nabin nun mit einer ganz neuen

Achtung und Ehrfurcht. Als er uns aus dem Teehaus führt, habe ich einen sehr viel tieferen Einblick gewonnen, wie es sein muss, in diesen Bergen aufzuwachsen.

Fragen ohne Antwort

Als wir uns am Nachmittag wieder auf den Weg machen, bleibe ich ein Stück hinter den anderen zurück, allein mit meiner Fassungslosigkeit. Ich, der Prediger und Pastor, der doch eigentlich Bescheid wissen sollte, habe in diesem Moment tausend Fragen, aber keine Antwort. Diese Welt und mein Leben in ihr scheint mir keinen Sinn zu ergeben.

Ich begreife nicht, warum ich in eine Familie mit einem liebenden und fürsorglichen Vater hineingeboren bin, Nabin hingegen von seinem Vater geschlagen und mit glühenden Ruten gequält worden ist. Ich verstehe es nicht: Warum habe ich vom ersten Tag an immer Wasser und Nahrung im Überfluss gehabt und bin durch Impfungen vor vermeidbaren Krankheiten geschützt, während gleichzeitig allein heute in dieser Welt zwanzigtausend Kinder sterben müssen, weil ihnen der Zugang zu ebendiesen Dingen verwehrt ist? Ich weiß, dass es einen Gott gibt, der alles in der Hand hält. Aber warum bin ich dann so gesegnet und so viele andere nicht?

Ganz bestimmt nicht, weil ich es verdient hätte. Ich habe mir nicht ausgesucht, wo ich zur Welt kommen wollte. Sie genauso wenig. Warum also sind wir buchstäblich in ein Schlaraffenland hineingeboren, während Millionen, wenn nicht sogar Milliarden von Sijans, Amirs und Nabins selbst lebensnotwendige Dinge entbehren müssen?

In den nächsten Stunden wandere ich zwar einige Kilometer mit meinen Füßen, aber in meinen Gedanken trete ich auf der Stelle. *Ich begreife es einfach nicht. Liebt Gott mich mehr als die Männer, Frauen und Kinder in diesen Dörfern? Wenn ja, warum? Wenn nicht, warum darf ich dann mit meinen gesunden Beinen auf diesen Pfaden marschie-*

ren, statt als Behinderter wie ein Tier angekettet in einer Scheune leben zu müssen?

Am liebsten möchte ich einfach stehen bleiben, mich hinsetzen, nachdenken und beten. Deshalb bin ich erleichtert, als ich meine Gruppe im nächsten Dorf wieder eingeholt habe. Sie sitzen da mit ihrem Gepäck neben sich, als ich zu ihnen stoße. Aber was wir dann von Aaron erfahren, verschafft mir keine Erleichterung.

Verschwundene Töchter

Aaron fordert mich auf, wie die anderen meinen Rucksack abzunehmen, etwas zu trinken und mir einen Stein zum Hinsetzen zu suchen, damit er uns etwas über das nächste Dorf erzählen kann.

„Das Dorf, durch das wir jetzt gleich kommen, ist relativ groß. Es hat ungefähr zweihundert Einwohner, aber vielleicht wird euch etwas auffallen. Bemerkenswert ist nämlich, dass es hier kaum Mädchen zwischen zwölf und zwanzig Jahren gibt. Denn die meisten jungen Mädchen von hier sind über die letzten fünf Jahre Opfer von Menschenhändlern geworden. Oft schon mit sieben Jahren, manchmal auch erst mit fünfzehn. Insbesondere werden sie als Sexsklavinnen verkauft."

Aaron erklärt uns, wie dieses Geschäft funktioniert. „Es ist ausgesprochen gut organisiert. Die Menschenhändler wissen um die Armut in diesen Dörfern. Sie kommen her und suchen gezielt nach Familien, die Töchter haben und ums Überleben kämpfen. Da werden sie schnell fündig. Sie geben sich als freundliche Wohltäter aus und machen den Eltern verlockende Versprechungen. Wenn sie ihnen ihre Tochter anvertrauten, würden sie ihr unten im Tal in einer Stadt eine gute Arbeitsstelle verschaffen. Damit könne sie nicht nur sich selbst versorgen, sondern werde auch noch Geld übrig haben, um ihre Familie zu unterstützen. Die Menschenhändler versichern, den Mädchen regelmäßige Besuche zu Hause zu ermöglichen, bei denen sie das Geld abgeben könnten. Um ihre Zusicherung zu untermau-

Ich weiß, dass es einen Gott gibt,
der alles in der Hand hält.
Aber warum bin ich dann so gesegnet
und so viele andere nicht?

ern, zahlen die Männer den Eltern einer Tochter umgerechnet ungefähr 100 Dollar. Das entspricht etwa dem Einkommen eines halben Jahres – eine beträchtliche Summe für eine Not leidende Familie in diesen Dörfern. Beruhigt von den Versprechen und dem Geld geben die Familien dann ihre Töchter in die Obhut dieser Männer."

„Durchschauen die Familien nicht irgendwann die Lügen dieser Leute – wenn die Mädchen nicht zurückkommen?", frage ich, am Boden zerstört von dem, was ich gehört habe.

„Das ist eine gute Frage", entgegnet Aaron. „Ich denke, die Armut treibt die Eltern zu dieser Verzweiflungstat. Und sie sind ernsthaft überzeugt, dass es ihren Töchtern dort besser geht als hier."

Wir sehen einander kopfschüttelnd an. Das ist kaum zu glauben.

Aaron fährt fort: „Nach einem Abschied unter Tränen werden diese Mädchen dann den Berg hinuntergeführt und an Polizeiwachtposten vorbei in die Stadt geschmuggelt. Einige bleiben in der Hauptstadt, andere werden in andere Städte oder gar ins Ausland gebracht und kommen nie mehr zurück. Diejenigen, die in der Hauptstadt bleiben, arbeiten in einem als Restaurant getarnten Bordell. In einem solchen Etablissement gibt es zahlreiche Kabinen aus Holzrahmen, die vom Boden bis zur Decke reichen. Die Horrorszenen, die sich hinter diesen Holzwänden abspielen, möchten wir uns lieber gar nicht vorstellen."

Ich wünschte fast, Aaron würde aufhören. Das alles tut so weh.

„Ein Mann kommt in ein solches ‚Restaurant', nimmt eines dieser kostbaren jungen Mädchen an der Hand und führt sie in eine Kabine. Er isst und trinkt mit ihr und vergeht sich dann an ihr, wie es ihm beliebt, entweder gleich dort oder in einem der Schlafräume im Obergeschoss. Dann kommt ein anderer Mann und tut dasselbe. Und dann wieder ein anderer. Und wieder ein anderer. Und wieder ein anderer. Manchmal wird ein Mädchen fünfzehn bis zwanzig Mal am Tag von Männern missbraucht."

Aaron hält inne. Tief erschüttert von dem, was wir gerade gehört haben, blicken wir zum Dorf hinüber.

Ich sitze hier auf meinem Stein und denke an meine achtjährige Tochter. Unvorstellbar, dass ihr so etwas widerfahren könnte! Ich will es mir auch gar nicht vorstellen. Ich lebe in einer Freiheit, die diese Mädchen nicht haben. Das ist ihr Leben. Diese Mädchen, die früher auf den Felsen, auf denen ich jetzt sitze, herumgeklettert sind und gespielt haben, werden ihre Familien nie wiedersehen.

Beim Durchqueren des Dorfes schauen wir uns um. Es ist genau so, wie Aaron es gesagt hat. Junge Mädchen sieht man hier kaum. In diesem scheinbar stillen Dorf schreit es tief in mir: *Warum, Gott? Wenn du alles in deiner Hand hast, warum lässt du dann so etwas zu? Warum hast du diese Mädchen nicht vor der Sklaverei bewahrt? Warum hast du nicht jedem einzelnen dieser Menschenhändler das Handwerk gelegt?*

Ich verstehe es nicht. Als wir das Dorf hinter uns gelassen haben, begreife ich gar nichts mehr. Weder das *Warum* noch das *Was*. Ich verstehe nicht, was das alles für mein Leben bedeutet. Irgendeine Bedeutung muss es schließlich haben. Nachdem ich diese Dinge gesehen und gehört habe, kann ich unmöglich so weiterleben, als sei nichts geschehen. *Aber was soll ich tun?*

Diese Frage bleibt mir auch bei der nächsten Begegnung im Kopf, die mich persönlich noch tiefer erschüttert.

Das Gesicht des Hungers

In der nächsten Stunde gehen wir schweigend hintereinanderher. Jeder sinniert still über das, was wir gerade gehört und gesehen (oder vielmehr nicht gesehen) haben. Die Gedanken in meinem Kopf und die Gefühle in meinem Herzen überschlagen sich förmlich. Dabei empfinde ich eine unangenehme Spannung. Einerseits wünschte ich, ich könnte diese Gedanken und Gefühle einfach abschütteln. Ich möchte nach Hause, wo ich mir nicht über den Menschenhandel in einem Dorf den Kopf zu zerbrechen brauche. Die harte Wirklichkeit erscheint mir unerträglich. Ich würde am liebsten den Kopf in den Sand stecken und so tun, als hätte ich nichts davon gehört oder gesehen. Es ist wie in einem schlechten Traum. Ich möchte aufwachen und erleichtert feststellen, dass das alles nicht wahr ist.

Andererseits aber möchte ich etwas tun. *Und zwar sofort!* Ich würde am liebsten einen dieser Menschenhändler, der mit einem kleinen Mädchen den Berg herunterkommt, am Kragen packen und das Mädchen wieder nach Hause bringen. Oder aber auf schnellstem Weg ins Tal hinabsteigen und so viele dieser Mädchen retten wie möglich. Aber ich weiß nicht, wie. Wir alle haben schon gehört, dass das Problem der Sexsklaverei nicht einfach zu lösen ist. Nicht jeder Versuch, dagegen vorzugehen, ist tatsächlich sinnvoll.

Aber ganz egal: *Ich möchte einfach etwas tun!*

Meine innerliche Spannung lässt nicht nach, als wir durch das letzte Dorf für diesen Tag kommen. Es ist viel kleiner als das zuvor, malerisch gelegen und recht ruhig. Nur wenige Menschen sind unterwegs. Die meisten Erwachsenen arbeiten vermutlich noch auf den Feldern an den Berghängen. Zu meiner Rechten erblicke ich eine Reihe von ungefähr zehn Häusern. Sie bestehen vermutlich aus nur einem oder zwei Räumen und sind als Blockhütten gebaut. Vor jedem Haus befindet sich ein Stapel Brennholz zum Kochen und Heizen. Alles ist schneebedeckt, so weit das Auge reicht.

Kaum haben wir einen Fuß ins Dorf gesetzt, kommen zwei Jungen und ein kleines Mädchen, alle wohl etwa acht Jahre alt, aus einem Haus angelaufen und begrüßen uns. Über das Mädchen freue ich mich besonders, hat es doch im vorherigen Dorf nur so wenige gegeben.

Armut und Unterernährung sind allen dreien anzusehen. Ihre Gesichter sind schmutzig und ihre Kleider abgetragen. Trotzdem strahlen sie uns an und die Kleine ergreift meine Hand, um neben mir herzulaufen. Während wir weitergehen, fällt mir meine Tochter

Mara ein, die wir aus einem Ort in Asien gar nicht so weit von hier adoptiert haben. Da ich die Sprache des Mädchens nicht spreche, lächle ich einfach zurück. Munter gehen wir Hand in Hand.

Mir fällt auf, wie schmächtig sie ist. Bestimmt hat sie Hunger. Aber ich erinnere mich daran, dass Aaron uns vor dieser Tour ausdrücklich davor gewarnt hat, Nahrungsmittel zu verschenken. Er und sein Team nehmen sich ganzheitlich der Nöte in diesen Dörfern an. Dazu gehört auch der Zugang zu sauberem Wasser und die Versorgung mit Lebensmitteln. Wenn aber jemand anfängt, an ein Kind etwas zu essen zu verschenken, kommen alle anderen Kinder – samt ihren Eltern – angerannt und betteln. Aaron und sein Team haben herausgefunden, dass es langfristig nicht hilfreich ist, Einzelnen hier und da Lebensmittel zuzustecken. Es zieht erfahrungsgemäß nur noch mehr Probleme nach sich.

Aber als wir uns dem Dorfausgang nähern, streckt meine neue Freundin mit einem süßen Lächeln ihre freie Hand aus und bittet mich um etwas zu essen. Ich habe Eiweißriegel und Studentenfutter in meiner Tasche und blicke einem kleinen Mädchen ins Gesicht, das diese Nahrungsmittel viel dringender braucht als ich. Nur ungern sage ich Nein, doch ich erinnere mich an Aarons Worte und schüttle sanft und so freundlich wie möglich den Kopf.

Mit flehendem Blick streckt sie erneut ihre Hand aus und sagt ein paar mir unverständliche Worte, sicher irgendetwas wie: „Bitte, Sir, geben Sie mir etwas!"

Wieder schüttle ich sanft den Kopf und bemühe mich zu lächeln.

In diesem Moment erhebt sie ihre Stimme und versucht mir meine Tasche zu entreißen. Reflexartig drehe ich die Tasche weg, sodass sie sie nicht erreichen kann. Ich gebe diesem hungrigen kleinen Mädchen nicht nur nichts zu essen, sondern halte sie bewusst und mit körperlichem Einsatz davon ab, sich etwas zu nehmen.

Bei all dem hält sie noch immer meine Hand. Nun sind wir am Rand des Dorfes angelangt. Der Rest der Gruppe hat mich längst hinter sich gelassen und ich muss sehen, dass ich sie wieder einhole. Also versuche ich, dem Mädchen meine Hand zu entziehen. Sie aber lässt nicht los. Sie drückt meine Hand – immer fester. Nun halte ich sie nicht nur von meiner Tasche fern, sondern reiße mich regelrecht los von diesem verarmten Kind, das lächelnd Hand in Hand mit mir durch ihr ganzes Dorf gelaufen ist.

Als ich mich schließlich aus ihrem Griff befreit habe, verändert sich augenblicklich ihr Gesichtsausdruck. Mit einer Mischung aus Verzweiflung und Wut sieht sie mich an und versucht plötzlich, mich anzuspucken. Aber ihr Mund ist zu trocken, sodass ihr der Speichel nur übers Kinn läuft. Als sie mich aus ihren dunklen Augen durchdringend anstarrt, erwidere ich ihren Blick, weiß aber nichts mehr zu sagen. Alles in mir lechzt danach, ihr alles (oder zumindest etwas) aus meiner Tasche zu geben. Und doch drehe ich mich um und gehe davon, ohne mich noch einmal umzusehen.

Ich laufe schnell, aber ich weiß nicht, warum. *Wovor habe ich Angst? Wovor laufe ich weg? Und warum fühle ich mich so schlecht?*

Ich predige und schreibe Bücher über Barmherzigkeit an den Armen. Ich gebe denselben Ratschlag, den ich auch bekommen habe: nicht wenigen zu geben, sodass die vielen leer ausgehen. Ich habe sogar das Vorwort zu einem beliebten Buch darüber verfasst, wie Menschen in Not sinnvoll geholfen werden kann, ohne sie zu verletzen. Aber in diesem Moment kommt mir nichts von dem, was ich gelehrt oder geschrieben habe, richtig vor. Im Angesicht der Armut empfinde ich plötzlich eine verhängnisvolle Lähmung. Ich bin so schnell dabei zu sagen, so oder so könne man den Armen am besten helfen. Und wir sollten uns aus diesem oder jenem Grund für dieses oder jenes Projekt nicht einsetzen oder dafür spenden. Und natürlich gilt es, sorgfältig abzuwägen, was wir sinnvollerweise tun und wofür wir geben sollten.

Aber ist nicht irgendwann ein Punkt erreicht, an dem wir *irgendetwas* tun sollten, anstatt wegzurennen und *nichts* zu geben? Ich kann mich doch in meinem Leben nicht ständig herausreden, warum dieses oder jenes nicht funktioniert oder nicht sinnvoll ist. Sollte ich nicht lieber herausfinden, was funktioniert, und es dann auch tun?

Einige Stunden später sind wir in dem Teehaus angelangt, wo wir übernachten werden. Ich schaffe es nicht, in den Spiegel zu sehen. Ich schaffe es nicht, in das Gesicht zu sehen, das ein kostbares, hungriges kleines Mädchen mit speichelverschmiertem Mund angeblickt hat, bevor ich mich losgerissen habe und mit einer Tasche voller Lebensmittel weggelaufen bin. Ich mag auch nicht das Spiegelbild eines Mannes sehen, der gewandt über die Sorge für die Armen reden kann und sich im entscheidenden Moment schnell aus dem Staub gemacht hat.

Ewigkeitsperspektive

In jeder Hinsicht erschöpft, versuche ich mich in der eisigen Luft warm zu halten und kauere mich in meinen Schlafsack. Im Schein meiner Stirnlampe lese ich Verse aus den Kapiteln 4 bis 6 des Lukasevangeliums. Mir ist, als wolle Gott, dass ich genau in diesem Moment diese Ankündigung Jesu lese:

„Der Geist des Herrn ruht auf mir, denn der Herr hat mich gesalbt. Er hat mich gesandt mit dem Auftrag, den Armen gute Botschaft zu bringen, den Gefangenen zu verkünden, dass sie frei sein sollen, und den Blinden, dass sie sehen werden, den Unterdrückten die Freiheit zu bringen, und ein Jahr der Gnade des Herrn auszurufen" (4,18–19).

Beim Lesen schreibe ich in mein Tagebuch:

Für diese Menschen ist Jesus gekommen! Für die Menschen hier in den Bergen! An einem einzigen Tag sind mir Arme, Gefangene, Blinde und Unterdrückte begegnet. Sie sind alle hier! Und Jesus, du bist gekommen, um ihnen allen gute Botschaft, Freiheit, Augenlicht und Liebe zu bringen! Warum also müssen sie all diese Dinge entbehren?

O Gott, ich habe nach dem heutigen Tag so viele Warum-Fragen. Und ich weiß keine Antwort darauf. Ich habe aber auch Was-Fragen. Was soll ich tun angesichts solcher Not? Davonlaufen kann nicht die Lösung sein. Herr Jesus, ich möchte, dass du in mir lebst, sodass ich den Armen Gute Nachricht, den Gefangenen Freiheit, den Blinden Augenlicht und den Unterdrückten Freiheit bringen kann – und deine Zuwendung im Angesicht drückender körperlicher Not.

In einer der Städte, durch die Jesus kam, war ein Mann, der am ganzen Körper Aussatz hatte. Als er Jesus sah, warf er sich vor ihm nieder und flehte ihn an: „Herr, wenn du willst, kannst du mich rein machen."

Da streckte Jesus die Hand aus und berührte ihn. „Ich will es", sagte er, „sei rein!" Im selben Augenblick verschwand der Aussatz. Jesus verbot dem Geheilten, mit jemandem darüber zu sprechen. „Geh stattdessen zum Priester", befahl er, „zeig dich ihm und bring das Opfer für deine Reinigung dar, wie Mose es vorgeschrieben hat. Das soll ein Zeichen für sie sein."

Jesus wurde immer bekannter; die Menschen strömten in Scharen herbei, um ihn zu hören und von ihren Krankheiten geheilt zu werden. Er aber zog sich in die Einsamkeit zurück, um zu beten (5,12–16).

Was für eine unbeschreibliche leibliche Not. Lepra war
in dieser Geschichte nicht nur irgendeine Krankheit,
sie war hochgradig ansteckend. Wer daran litt,
musste die Leute warnen, ihm nur nicht zu nahe zu
kommen.

Nach dem jüdischen Gesetz war es verboten, einen
Leprakranken zu berühren. Es ist also eigentlich
unerhört, dass dieser Mann sich Jesus nähert. Noch
unerhörter aber ist Jesu Reaktion. Er spricht nicht
nur mit ihm. Er tut, was kein anderer je tun würde:
Jesus berührt ihn. Anstatt vor ihm wegzulaufen wie
alle anderen, streckt er seine Hand nach ihm aus wie
niemand sonst.

O Gott, ich will vor den Menschen in Not nicht
davonlaufen. Ich will auf sie zugehen.

Bitte, Herr, vergib mir, wo ich weggelaufen bin,
anstatt mich den Notleidenden zuzuwenden!

Doch weh euch, die ihr reich seid;
    denn ihr habt euren Trost damit schon erhalten.
Weh euch, die ihr jetzt satt seid;
    denn ihr werdet hungern.
Weh euch, die ihr jetzt lacht;
    denn ihr werdet trauern und weinen.
Und weh euch, wenn alle Leute gut von euch reden!
Genauso haben es ja ihre Vorfahren mit den falschen
Propheten gemacht (6,24–26).

Jesus verspricht hier eine gewaltige Wende. In der Ewigkeit werden sich viele Menschen plötzlich in einer völlig anderen Lage wiederfinden als hier auf der Erde. Das ist eine beängstigende Aussicht für die Reichen, die sich nicht um die Armen kümmern. Und ich gehöre zu den Reichen.

O Gott, hilf mir, dass ich die Armen nicht übergehe. Bitte hilf mir, aus der Perspektive der Ewigkeit zu leben. Bitte hilf mir, den Armen, Hungrigen und Kranken deine Liebe zu bringen.

Herr, ich bete für die Armen, denen ich heute begegnet bin. Bitte hilf ihnen! Und mache mein Leben zu einem Werkzeug, durch das diese Gebete beantwortet werden.

Zum Nachdenken

- Welches der Erlebnisse dieses Tages erschüttert Sie am meisten? Mit welchen Fragen ringen Sie angesichts existenzieller körperlicher Not am meisten?
- Haben Sie sich jemals von einem Menschen in existenzieller leiblicher Not abgewandt? Warum haben Sie sich abgewandt? Wenn Sie in Zukunft in eine ähnliche Situation kämen, wie könnten Sie dann anders reagieren?

Tag 3

Leichenbrecher
und Buttertee

Die Macht des Mitgefühls

Wenn man früh am Morgen in einem kuschelig warmen Schlafsack erwacht und weiß, dass es draußen bitterkalt ist, bleibt man gern noch ein wenig länger liegen. So ergeht es auch mir heute. Also hole ich noch einmal meine Bibel hervor. Bevor ich in den Tag starte, lese ich weiter bei Lukas:

> Bald darauf zog Jesus in die Stadt Nain weiter, begleitet von seinen Jüngern und einer großen Menschenmenge. Als er sich dem Stadttor näherte, kam ihm ein Trauerzug entgegen. Der Tote war der einzige Sohn einer Witwe gewesen. Zahlreiche Menschen aus dem Ort begleiteten die Mutter zum Grab. Als der Herr die Frau sah, ergriff ihn tiefes Mitgefühl. „Weine nicht!", sagte er zu ihr. Er trat näher und berührte die Bahre. Die Träger blieben stehen, und Jesus sagte zu dem Toten: „Junger Mann, ich befehle dir: Steh auf!"
>
> Da richtete sich der Tote auf und fing an zu sprechen, und Jesus gab ihn seiner Mutter zurück. Alle waren voller Ehrfurcht; sie priesen Gott und sagten: „Ein großer Prophet ist unter uns aufgetreten. Gott hat sich seines Volkes angenommen!" Die Nachricht von diesem Ereignis ver-

breitete sich im ganzen jüdischen Land; sogar in allen umliegenden Gebieten sprach man von Jesus (7,11–17).

Hier ist eine Frau, die nach ihrem Ehemann nun auch noch ihren einzigen Sohn verloren hat. Im ersten Jahrhundert war das für eine Frau eine völlig hoffnungslose Lage. In der Familie blieb niemand mehr, der sie versorgen würde.

So sieht Jesus sie und fühlt mit ihr mit. Aus diesem Mitgefühl heraus tritt Jesus an die Bahre, auf der der Sohn der Witwe liegt, und erweckt ihn vom Tod. Jesus verwandelt den Tod in Leben.

Jesus, ich preise dich für deine Liebe zu den Menschen und deine Vollmacht über den Tod.

Als Jesus ans andere Ufer zurückkam, empfing ihn eine große Menschenmenge; alle hatten auf ihn gewartet. Da kam ein Mann namens Jaïrus, der Vorsteher der Synagoge. Er warf sich Jesus zu Füßen und bat ihn, in sein Haus zu kommen, weil sein einziges Kind, ein Mädchen von etwa zwölf Jahren, im Sterben lag. Auf dem Weg dorthin wurde Jesus von der Menge, die sich um ihn drängte, fast erdrückt (8,40–42).

Ich stelle mir vor, wie es wäre, wenn Jesus heute leibhaftig durch diese Täler und Dörfer ginge und es würde sich herumsprechen, dass er die Macht hat, Menschen von Krankheit zu heilen. Er wäre ständig von Leuten umringt, genau wie vor zweitausend Jahren.

Unter den Leuten war auch eine Frau, die seit zwölf Jahren an schweren Blutungen litt. Alles, was sie besaß, hatte sie für die Ärzte ausgegeben, doch niemand hatte sie heilen können. Diese Frau drängte sich von hinten an Jesus heran und berührte den Saum seines Gewandes. Im selben Augenblick hörten die Blutungen auf.

„Wer hat mich berührt?", fragte Jesus.

Alle beteuerten, sie seien es nicht gewesen, und Petrus meinte: „Meister, die Leute drängen sich ja von allen Seiten um dich herum!"

Doch Jesus beharrte darauf: „Irgendjemand hat mich berührt; ich habe gespürt, dass eine Kraft von mir ausgegangen ist."

Der Frau war jetzt klar, dass sie nicht unbemerkt geblieben war. Zitternd trat sie vor und warf sich vor Jesus nieder. Dann erzählte sie vor allen Leuten, warum sie ihn berührt hatte und wie sie im selben Augenblick geheilt worden war. „Meine Tochter", sagte Jesus zu ihr, „dein Glaube hat dich gerettet. Geh in Frieden!" (8,43–48).

Jesus, ich preise dich für das Mitgefühl, mit dem du jedem ganz persönlich begegnest. Jeder ist dir wichtig. Ich denke an deine Liebe zu all den Menschen, denen ich hier in den Bergen begegne. O Gott, bitte hilf mir, jeden Einzelnen mit deinen Augen zu sehen.

Während Jesus noch mit ihr redete, kam jemand vom Haus des Synagogenvorstehers. „Deine Tochter ist gestorben", sagte der Mann zu Jairus. „Bemühe den Meister nicht länger!"

Jesus hörte das. „Du brauchst dich nicht zu fürchten!",

sagte er zu dem Synagogenvorsteher. „Glaube nur, und sie wird gerettet werden." Er ging in das Haus, ließ aber niemand zu dem Mädchen mit hinein außer Petrus, Johannes und Jakobus sowie den Vater und die Mutter des Kindes. Das Haus war voller Menschen, die um das Mädchen weinten und trauerten. „Hört auf zu weinen!", sagte Jesus. „Sie ist nicht tot, sie schläft nur."

Da lachten sie ihn aus, denn sie wussten sehr wohl, dass sie gestorben war. Jesus aber ergriff sie bei der Hand und rief: „Kind, steh auf!" Da wurde sie wieder lebendig; sie stand sofort auf, und Jesus ordnete an, ihr etwas zu essen zu geben. Die Eltern konnten kaum fassen, was geschehen war. Doch Jesus verbot ihnen, jemand etwas davon zu erzählen (8,49–56).

Jesus, du allein hast die Macht über den Tod und du allein kannst Leben schenken. Keiner ist wie du. Und doch haben viele (oder sogar die meisten) in diesen Dörfern noch nie etwas von dir gehört. Warum nicht? Sie müssen von dir hören! Bitte benutze uns auf dieser Tour, um Menschen mit dir bekannt zu machen.

Während ich so daliege in meinem Schlafsack mit meiner Bibel in der Hand, frage ich mich, wie diese Wahrheiten aus Gottes Wort sich heute auf diesen Bergpfaden in die Tat umsetzen lassen.

Yaks auf dem Pfad

In meinen Kleidern vom Vortag stehe ich auf. Wir sind uns in unserer Gruppe einig, dass es zum Umziehen zu kalt ist. Und da wir alle nur einen Satz Wechselkleidung für die gesamte Tour mitgebracht haben, müssen wir ohnehin einige Tage dasselbe anbehalten. Also rollen wir unsere Schlafsäcke zusammen und packen unsere Rucksäcke. Dann machen wir uns auf zum Teehaus, wo Brot, Omeletts und Chai auf uns warten.

„Wir haben gestern eine lange Strecke in einem ziemlich flotten Tempo zurückgelegt", stellt Aaron fest. „Heute lassen wir es etwas langsamer angehen. Denn je weiter wir in die Gegend von Taplejung hinunterkommen, desto mehr Menschen sind unterwegs."

Ausgeruht und satt brechen wir auf. Die stark genutzten Wege sind eine Herausforderung, insbesondere an den schmalen Stellen. Wie schon erwähnt, können Bergpfade zuweilen heimtückisch sein. Noch heikler ist es, wenn einem unterwegs jemand entgegenkommt. Und richtig kritisch wird die Sache, wenn es kein Mensch ist, sondern ein Yak!

Kennen Sie Yaks? Ich will Ihnen erzählen, was es damit auf sich hat. Diese dunkelbraunen, robusten Lasttiere mit den stämmigen Beinen erinnern ein wenig an Kühe. Ein dickes, zottiges Fell schützt sie vor der extremen Kälte. Ach ja, Hörner haben sie auch – und was für welche!

Yaks findet man hier überall. Für die Dorfbewohner sind diese Tiere unschätzbar wertvoll. Yak-Milch ist ein Eiweißspender und wird nicht nur getrunken, sondern auch in Eintopfgerichten und zur Butterherstellung verwendet. Yak-Mist dient als Düngemittel auf den Feldern und als Brennstoff für Öfen. Yaks liefern auch Fleisch und das Fell wird zu Kleidung und Decken verarbeitet. Darüber hinaus sind Yaks das wichtigste Transportmittel, mit dem Waren bergauf und bergab gebracht werden.

Die Hirten schnallen Vorräte aller Art auf den Rücken der Yaks und hängen ihnen dann eine Glocke um den Hals. So führen sie eine ganze Herde den Berg hinauf. Yaks sind erstaunlich wendig und trittsicher, sodass sie bemerkenswert zuverlässig – aber auch sehr langsam – auf diesen steilen, schmalen Pfaden unterwegs sind. Daher rührt wohl ein gewisser Respekt vor ihnen.

Auf unserer heutigen Route gehen wir gerade über einen schmalen

Felsvorsprung an einem Berg entlang, als wir von Weitem Yak-Glocken hören. Hinter der nächsten Biegung stapfen ungefähr zehn Yaks in einer Reihe direkt auf uns zu. Schwer bepackt mit Vorräten lassen diese Tiere keinen Zweifel daran, wer hier wem weichen muss.

Ich kann Ihnen versichern: In solch einer Situation lernen Sie sehr schnell, einem entgegenkommenden Yak tunlichst zur Bergseite hin aus dem Weg zu gehen – sich buchstäblich am Berg festzuklammern! Auf gar keinen Fall werden Sie diese Position dem Yak überlassen. Denn wenn Sie auf der Talseite des Felsvorsprungs stehen und der Yak beschließt, Sie anzurempeln, stürzen Sie haltlos in den Tod. Der Yak aber geht seiner Wege, als sei nichts gewesen.

Also umarmen Sie gleichsam den Berg, während die Tiere eines nach dem anderen langsam an Ihnen vorbeitrotten. Der Hirte am Ende des Zuges muss sie unaufhörlich treiben, damit sie in Bewegung bleiben. Erst wenn die ganze Herde vorübergezogen ist, können Sie endlich unbehelligt weitergehen. Allerdings sollten Sie darauf achten, wo Sie hintreten. Es ist unglaublich und im wahrsten Sinne des Wortes atemberaubend, wie viel Mist die Yaks hinter sich zurücklassen.

Himmelsbestattung

Nach einer Weile wird der Weg breiter und wir wandern über eine Hochebene, die schließlich an einem großen Steinhaufen vorbeiführt, etwa zwanzig Meter vom Wegrand entfernt. Wir treten näher, um ihn genauer zu betrachten. Die Steine sind kreisförmig zu einem podiumartigen Wall aufgestapelt, etwa so breit wie ein menschlicher Körper und so hoch, wie ich mit meinen Händen greifen kann. Außen sind die Steine von hölzernen Pfählen umgeben. Daran sind weiße, zerfledderte Fahnen befestigt, die wir im Wind flattern sehen. Dies muss der Schauplatz irgendeiner Zeremonie gewesen sein. Aaron versammelt uns um sich und eröffnet uns, was hier vorgegangen ist.

„Hier hat sich eine sogenannte Himmelsbestattung abgespielt", erklärt er. „Nach buddhistischem Glauben wird der Geist eines Verstorbenen im Körper einer anderen Person oder auch eines Tieres oder Gegenstandes wiedergeboren. Diese Wiedergeburt – Reinkarnation genannt – vollzieht sich in endlosen Lebens- und Leidenskreisläufen, bis ein Geist am Ende vielleicht irgendwann das Nirwana – einen Zustand völliger Ruhe – erreicht. Wenn jemand stirbt, ist sein Körper demnach wertlos. Er wird nur noch als leere Hülle betrachtet und es ist Aufgabe der Hinterbliebenen, ihn zu beseitigen."

Aaron hält inne und tritt ein wenig näher an den Steinhügel heran.

„Anstatt also den Toten in den Bergen zu begraben", fährt er fort, „was bei dem felsigen Boden schwierig ist, bringen buddhistische Mönche die Leiche früh am Morgen an einen solchen Bestattungsplatz. Angehörige und Freunde kommen auch dazu, beobachten das Geschehen aber aus einigem Abstand. Die an der Zeremonie beteiligten Mönche nennt man Ragyapas, wörtlich: Leichenbrecher."

„Ich habe eine Frage", wendet Sigs ein. „Werden alle Buddhisten so bestattet?"

„Nein", entgegnet Aaron. „Diese Praxis ist längst nicht mehr so üblich wie vielleicht vor Jahren noch. Aber wie man sehen kann, hat sie erst vor Kurzem hier stattgefunden."

„Wie läuft so etwas ab?", möchte Sigs wissen.

„Die Mönche trennen gemeinsam mit rituellen Messern die Gliedmaßen ab und schneiden den toten Körper in Stücke", erklärt Aaron. „Jedes Stück wird oben auf den Steinhaufen gelegt, wo sich sofort die Geier darauf stürzen. Nachdem die Vögel Fleisch und Organe aufgefressen haben, greifen die Leichenbrecher zum Hammer und zertrümmern die Knochen. Ziel dieser Zeremonie ist es, die sterblichen Überreste rückstandslos zu beseitigen."

Ganz ehrlich: Diese Informationen sind für mich nur schwer zu verdauen. Was er hier beschreibt, hört sich an wie eine Doku über eine Fleischfabrik. Ohne Aarons Erläuterungen hätten wir an diesem Steinhaufen mit den flatternden Fahnen vorbeigehen können, ohne eine Ahnung von dem Ritual zu haben, das hier vollzogen worden ist.

Aaron hat unsere volle Aufmerksamkeit. „Diese äußerlichen Handlungen sind für die Buddhisten in den Bergtälern mit geistlichem Inhalt beladen. Einige betrachten eine Himmelsbestattung als ein Sinnbild dafür, dass die Seele eines Menschen den Geistern oder Göttern geopfert wird, bevor sie in einem neuen Körper wieder zur Welt kommt. Manche glauben, es sei ein Zeichen des Mitleids mit der Schöpfung, einen toten Körper an Vögel zu verfüttern, um der Natur Nährstoffe zurückzugeben. Für alle aber zeigt sich darin, dass der Körper als leere Hülle nicht wie die Seele einem endlosen Leidenskreislauf unterworfen ist."

Während ich Aaron zuhöre und den Ort dieser Himmelsbestattung betrachte, wandern meine Gedanken in eine völlig andere Richtung als am Vortag. Noch gestern war ich in den Dörfern mit existenziellen leiblichen Nöten konfrontiert: Da war der Mann mit dem fehlenden Auge. Die mehr als sechzig Choleraopfer. Ein Junge, der geschlagen, mit glühenden Ruten gequält und in einer Scheune angekettet wurde. Die Mädchen, die manchmal schon mit sieben Jahren als Sexsklavinnen verkauft werden. Ein kostbares kleines Mädchen, das in wütender Verzweiflung um Essen gebettelt hat.

An diesem Morgen liegt der Fokus nicht auf leiblicher Not – so wichtig es auch ist, sich ihrer anzunehmen –, sondern auf geistlicher Not. Es erdrückt mich schier, an einem Ort zu stehen, wo erst vor wenigen Tagen der Körper eines Mannes, einer Frau oder eines Kindes zerteilt, zertrümmert und den Geiern zum Fraß vorgeworfen worden ist. Noch erdrückender ist es, wenn ich daran denke, wo der Geist dieses Mannes, dieser Frau oder dieses Kindes jetzt ist.

Mit anderen Worten: So wichtig die leiblichen Bedürfnisse dieses Menschen gewesen sind – hier werden wir auf unvergessliche Weise daran erinnert, dass der Moment kommt, an dem unser irdisches

Leben erlischt. Und was nach diesem Punkt passiert, das ist doch das eigentlich Entscheidende. Nicht nur für diesen Mann, diese Frau, dieses Kind, nein, für jeden Einzelnen hier in den Bergen. Es ist entscheidend für mich ... und für Sie.

Nicht nur heute, nein, es ist entscheidend für die Ewigkeit.

Einer Lüge glauben?

Nachdem Aaron seine Ausführungen an dem Bestattungsplatz beendet hat, gehen wir schweigend weiter.

Während ich behutsam und vorsichtig einen Fuß vor den anderen setze und mich dabei so nah wie möglich am Berghang halte, bin ich in Gedanken versunken. Die offensichtlichen Unterschiede zwischen dem biblischen und dem buddhistischen Glauben haben mich aufgewühlt. Ich weiß noch, als ich zum ersten Mal als Student an einer staatlich unterstützten Universität mit Buddhismus in Berührung kam. Es war in einer Zeit, in der ich mich fragte, ob der Wahrheitsanspruch des biblischen Glaubens, mit dem ich aufgewachsen war, tatsächlich seine Berechtigung hatte. Mein Studium des Buddhismus neben dem Islam, dem Hinduismus, dem Animalismus und dem Atheismus stärkten dann aber letztlich meinen Glauben an das, was die Bibel lehrt – an das, was sie über Gott, über die Menschheit, über das Böse in der Welt und über die Hoffnung auf Veränderung zu sagen hat.

Im Zuge der Erforschung verschiedener Glaubenssysteme begann ich damals zu begreifen, wie absurd der Universalismus ist. Ich habe schon oft Menschen sagen hören, alle Religionen oder Glaubenssysteme liefen doch letztlich auf dasselbe hinaus. Die Unterschiede seien nur vordergründig.

Aber je mehr ich mich damit beschäftigte, desto mehr verstand ich, wie wenig diese Ansicht der Wirklichkeit standhalten konnte. Es ist nicht nur unlogisch, sondern auch lächerlich zu behaupten, ein Atheist, für den es keinen Gott gibt, und ein Christ, der an Gott glaubt, hätten im Grunde genommen denselben Glauben. Selbst wenn die unterschiedlichen Überzeugungen über Gott gleichberechtigt nebeneinander Gültigkeit haben sollen – nicht beide können vollkommen wahr sein. Entweder es gibt Gott oder es gibt ihn nicht. Demzufolge hat einer recht, der andere unrecht, ganz egal, wie leidenschaftlich er an seinem Glauben festhalten mag.

Nachfolger Jesu glauben, dass Gott in ihm Fleisch geworden und am Kreuz gestorben ist. Anhänger Mohammeds hingegen glauben, ein Mensch könne nicht Gott sein und Jesus (der zwar nach muslimischem Glauben zweifellos ein „guter Mensch" war) sei nicht am Kreuz gestorben.

Diese Glaubensinhalte sind für die jeweiligen Seiten ganz entscheidend – aber vereinbar sind sie nicht. Entweder ist Jesus Gott oder er ist es nicht. Entweder er ist am Kreuz gestorben oder nicht. Noch einmal: Wenn über eine Milliarde Menschen es für vollkommen berechtigt hält, das eine zu glauben, eine weitere Milliarde hingegen nur das andere stehen lässt, dann muss über eine Milliarde an eine Lüge glauben.

Hier auf diesen Bergpfaden denke ich mehr über den Buddhismus nach als über den Islam, da ich die Auswirkungen des buddhistischen Glaubens um mich herum ganz praktisch erlebe. Sie werden mir noch deutlicher, als wir ins nächste Dorf kommen, wo unser Team sich aufteilen wird, um in verschiedenen Häusern zu Mittag zu essen.

Gastfreundschaft in den Bergen

Aaron kennt in diesem Dorf einige Leute und hat verschiedene Familien gefragt, ob sie uns zu Brot und Tee zu sich einladen würden. Also stellen wir unsere Rucksäcke ab, teilen uns in zwei Gruppen auf und schwärmen ins Dorf aus. Eine Gruppe besteht aus Aaron, Sigs und Chris. Nabin und ich werden bei einer anderen Familie zu Gast sein.

Wir nähern uns einem kleinen Haus mit nur einem Wohnraum, an das rechts und links jeweils ein ähnliches Gebäude direkt angrenzt. Es gibt zwei Stockwerke: Unten sind die Tiere untergebracht, im Obergeschoss wohnt die Familie. Das Haus ist aus Stein und Holz gebaut, wobei Holz unter anderem für die rauen, dicken Tragebalken verwendet wurde. Wir steigen über eine Leiter in den Wohnbereich hinauf, der der Familie als Schlaf-, Ess- und Wohnzimmer gleichzeitig dient.

Die Decke ist hier so niedrig, dass wir uns ducken müssen, um nicht mit dem Kopf anzustoßen. Der Raum macht einen urigen Eindruck, einladend zwar, aber dunkel. Es riecht nach verbranntem Hartholz und Räucherwerk. Zu unserer Linken sehen wir ein kleines offenes Feuer, das mit einem rechteckigen Gitter abgedeckt ist. Darauf steht ein dampfender gusseiserner Teekessel. Auf einer Seite des Raumes sind die Schlafmatten der Familie an der Wand platzsparend übereinandergestapelt. Nur durch ein kleines Fenster scheint von draußen etwas Licht herein.

Wir begrüßen uns – Nabin übersetzt für mich – und unsere Gastgeberin lädt uns ein, uns ans Feuer zu setzen. Es befindet sich an einer Wand, sodass wir auf drei Seiten jeweils auf einer kleinen Matte Platz finden. Traditionell sitzt in dieser Kultur der älteste Mann auf dem Ehrenplatz rechts vom Feuer. Da der Ehemann der Frau aber jetzt arbeitet, bietet sie mir diesen besonderen Platz an. Das ist mir zuerst etwas unangenehm, aber sie besteht darauf.

Während unsere Gastgeberin damit beschäftigt ist, für Nabin und mich Tee zuzubereiten, plaudern wir mit ihr ein wenig über ihre Familie. Wir erfahren, dass sie und ihr Mann eine dreijährige Tochter und einen zwölfjährigen Sohn haben. Fast wie gerufen kommt die Dreijährige die Leiter hochgeklettert. Etwas schüchtern angesichts dieser Fremden in ihrem Haus sucht sie Schutz bei ihrer Mutter. Sie ist einfach reizend. Wir lächeln sie an und es dauert nicht lange, bis sie unser Lächeln erwidert.

Dann erzählt uns die Mutter von ihrem zwölfjährigen Sohn. Im

Alter von fünf Jahren haben ihn die Eltern in ein buddhistisches Kloster geschickt. Traditionell sind in diesem Dorf die erstgeborenen Söhne dazu bestimmt, Mönch zu werden. Ihr Sohn lebt also nun im Kloster und sieht seine Familie nur bei besonderen Anlässen.

Beim Teekochen nimmt die Frau ein dickes Holzrohr zur Hand, das wohl fast einen Meter lang und an einem Ende verschlossen ist. Dann sticht sie einen großen Klecks Butter ab und lässt ihn auf den Boden des Rohrs fallen. Als Nächstes nimmt sie den dampfenden Wasserkessel vom Feuer und gießt etwas Wasser in das Rohr mit der Butter. Anschließend bewegt sie ein langes, dickes Werkzeug in dem Rohr auf und ab, um das Wasser mit der Butter zu mischen.

Immer wieder fügt sie nun einen weiteren Klecks Butter und noch etwas Wasser hinzu und wiederholt die Prozedur, bis der Buttertee schließlich servierfertig ist. Sie nimmt für jeden eine große Tasse, gießt den Buttertee aus dem Rohr hinein und reicht ihn uns. Nachdem der Tee etwas abgekühlt ist, beginnen wir ihn in kleinen Schlucken zu trinken. Er schmeckt genau so, wie man sich ein Getränk aus Butter und heißem Wasser vorstellen würde.

Die Frau bietet uns auch Yak-Milch für unseren Tee an. Da ich mich frage, wie lange die Milch wohl schon stehen mag, lehne ich höflich ab mit der Entschuldigung, ich sei Yaktose-intolerant. (War nur ein Witz. Das habe ich nicht wirklich gesagt!)

Die Frau ist gerade dabei, uns Brot zu servieren, als ihr Mann die Leiter hochsteigt. Schnell verrutschen wir unsere Matten, um ihm den Ehrenplatz frei zu machen. Nachdem wir uns vorgestellt haben, plaudern wir über seine Arbeit und die Gewohnheiten der Familie. Wir sitzen da mit einer Tasse Buttertee in der einen Hand und einem Stück Brot in der anderen und reden über ihren ganz normalen Tagesablauf.

Jeden Morgen zwischen vier und fünf Uhr stehen sie auf und richten Tee und Brot fürs Frühstück. Etwa bei Sonnenaufgang bricht der Ehemann zu seiner Arbeit auf dem Feld auf. Wenig später verlässt auch die Frau mit ihrer Tochter auf dem Rücken das

Haus. Der Mann arbeitet den ganzen Tag, bis etwa um sechs Uhr die Sonne untergeht. Seine Frau kommt schon früher nach Hause, um das Abendessen zu kochen. All dies natürlich nur, wenn das Wetter es erlaubt. In den kalten Wintermonaten kann das Thermometer durchaus auf -20 Grad Celsius oder darunter fallen, sodass die Familie Tag und Nacht im Haus bleibt. Das bedeutet aber auch, dass sie, wenn es wärmer ist, umso mehr arbeiten muss – Getreide anbauen, ernten und Vorräte für den langen, harten Winter anlegen.

Während sie erzählen, fällt mir über dem Feuer auf einem Regal ein Buch auf. Daneben steht so etwas wie ein buddhistischer Schrein – eine kleine Buddha-Statue, davor vier Kerzen in silbernen Schalen. „Könnten Sie uns etwas über Ihr Buch und die Statue sagen?", bitte ich und deute auf das Regal.

Der Vater antwortet lächelnd: „Das Buch enthält Lehren über Buddha. Wir können nicht lesen, also warten wir, bis ein Mönch kommt und uns daraus vorliest. Eines Tages", ergänzt er stolz, „kann mein Sohn das übernehmen."

Dann erzählt er uns etwas über den Schrein. „Jeden Morgen nach dem Aufstehen verbrennen wir als Erstes Räucherwerk vor der Buddha-Statue. Wir füllen die silbernen Schalen mit Wasser, zünden die Kerzen an und setzen sie ins Wasser, sodass sie schwimmen."

„Warum tun Sie das jeden Morgen?", frage ich.

„Wir möchten, dass es uns in unserem nächsten Leben gut geht", erklärt er.

„Besser als in diesem", fügt seine Frau mit einem hoffnungsvollen Lächeln und einem Seitenblick auf ihren Mann hinzu.

Er nickt und fragt mich: „Sie tun das doch auch, oder nicht?"

Nach einer etwas peinlichen Stille erwidere ich „Nein" und beginne, ihnen in wenigen Worten etwas über Gott und Jesus zu erzählen. Zunächst aber frage ich: „Haben Sie schon einmal von Jesus gehört?"

Verwirrung steht ihnen ins Gesicht geschrieben. „Nein. Wer ist das?"

Genau wie Kamal gestern stellen sie sich darunter wohl einen Mann aus einem anderen Dorf vor, dem sie noch niemals begegnet sind. Sie haben noch nie von Jesus gehört und haben auch keinerlei Vorstellung davon, wer er ist.

Als ich anfange, von Jesus zu berichten, werden sie plötzlich von den verschiedensten Dingen abgelenkt. Jemand ruft den Ehemann von draußen und er entschuldigt sich. Die Mutter lässt sich einen Moment lang von ihrer Tochter mitziehen und möchte uns, als sie zurückkommt, gleich noch mehr Brot und Tee servieren. Nabin meint, es sei wohl Zeit zu gehen. Ich lehne ihr Angebot also dankend ab. Aus irgendeinem Grund aber interpretiert sie meine Antwort als ein Ja und greift zu dem Rohr, um mir Buttertee nachzuschenken. Ich hebe meine Hand und sage: „Nein, danke. Ich habe genug", was sie als grünes Licht auffasst, mir noch mehr zu geben. Sie lächelt und ich muss schmunzeln, als sich dieses Spiel zwischen uns wie in einer Comedy-Show noch ein paarmal wiederholt.

Da klärt Nabin mich auf: „Erst wenn du deine Hand auf die Tasse legst, weiß sie, dass du genug hast."

Also bedecke ich meine Tasse mit meiner Hand und sage noch einmal höflich „Danke". Nun geht ein verstehendes Lächeln über ihr Gesicht, das ich gerne erwidere. So viel zum Thema Buttertee.

Wir erheben uns zum Gehen und bedanken uns noch einmal sehr für die Gastfreundschaft. Dann klettern wir die Leiter hinunter, um uns wieder zu unserem Gepäck aufzumachen. Im Erdgeschoss aber drehen wir uns noch einmal um. Mutter und Tochter sehen uns freundlich lächelnd von oben nach.

Wie sollen sie es erfahren?

Als wir dieses Dorf hinter uns gelassen haben und ich auf dem Pfad immer wieder Felsen ausweiche, denke ich über die vielen Gemeinsamkeiten nach, die ich zwischen diesem Gastgeberpaar und Heather und mir erkenne. Beide lieben wir unsere Familien und sind stolz auf unsere Kinder. Beide arbeiten wir nach Kräften, um sie zu versorgen (auch wenn ich in meinem Leben noch nie auch nur annähernd so hart gearbeitet habe wie die Menschen hier auf den Feldern). Außerdem haben sie und wir einen starken Glauben, der zwar völlig unterschiedlich aussieht, den wir aber beide schon vom frühen Morgen an ganz praktisch ausleben.

Aber hier liegt der große Unterschied, den ich nicht verstehe. Warum haben weder dieser Mann, diese Frau und diese Kinder noch ihre Vorfahren je davon gehört, dass es noch andere Möglichkeiten des Glaubens und Lebens gibt? Als sie uns etwas über ihr Morgenritual vor dem buddhistischen Schrein berichtet haben, sind sie offensichtlich davon ausgegangen, jeder auf der Welt habe dieselben Glaubensvorstellungen und praktiziere dieselben Riten. Als glaubte jeder auf der Welt an Reinkarnation und einen endlosen Kreislauf aus Leben, Leid und Tod, der immer wieder von Neuem beginnt. Als wüsste jeder auf der Welt, dass wir nur genug Kerzen herunterbrennen lassen müssten, um es im nächsten Leben besser zu haben.

Aber was ist nun, wenn das gar nicht wahr ist? Eines ist klar: Gesetzt den Fall, diese buddhistischen Glaubensvorstellungen seien tatsächlich wahr und ich würde mich bewusst entscheiden, sie nicht zu glauben, dann wäre ich natürlich selbst für die Folgen verantwortlich. Aber darum geht es ja gerade. *Ich hatte und habe nämlich die Wahl.*

Diese Frau und ihr Mann, ihr Sohn und ihre Tochter hatten bisher offensichtlich keine Wahl. Niemand hat ihnen jemals gesagt, dass Glauben und Leben auch noch ganz anders aussehen könnten. Sie zelebrieren also Tag für Tag ihre Rituale und merken dabei nicht, dass sich ihre Hoffnung nicht nur in diesem Leben, sondern – was noch wichtiger ist – über den Tod hinaus auf eine Lüge gründet, wenn ihre Vorstellungen nicht wahr sind.

Während des Gehens kommen mir noch mehr Fragen. Natürlich glaube ich, dass Jesus die Wahrheit ist. Ich glaube, dass Gott die Welt so liebt, dass er tatsächlich in Jesus Mensch geworden und am Kreuz für die Sünde der Welt bezahlt hat. Ich glaube, dass Jesus von den Toten auferstanden ist und die Sünde besiegt hat, sodass alle, die an ihn glauben, ewiges Leben haben. Das ist meine tiefe Überzeugung und doch kann ich nicht begreifen, warum zweitausend Jahre später so viele Menschen auf der Welt davon noch nicht einmal gehört haben. Ich lese in der Bibel, dass nach Gottes Willen niemand verloren gehen soll, sondern alle Menschen seiner Liebe vertrauen dürfen. Aber wie sollen sie denn seiner Liebe vertrauen, wenn sie von dieser Liebe noch nie gehört haben?

Nur die Pracht dieser imposanten Bergwelt bezeugt den Menschen hier in den Dörfern Tag für Tag Gottes Herrlichkeit. Während ich mich umblicke, bestaune ich Gottes Größe und Majestät, so weit das Auge reicht. Ich wünschte, ich könnte Ihnen mit Worten die phänomenalen Panoramen beschreiben, die wir hier ständig genießen. Aber das wäre, als würden Sie den Grand Canyon besichtigen und sollten dann auf einem Stück Papier festhalten, was Sie sehen. Worte allein können das nicht beschreiben.

Es muss genügen, wenn ich Ihnen versichere: Die Schöpfung schreit hier in den Bergen die Größe des Schöpfers geradezu hinaus. Aber so wunderschön die Landschaft auch ist, es wird mir eines sehr deutlich bewusst: Dies alles reicht letztlich trotzdem nicht aus, um die tiefe Liebe des Schöpfers zu vermitteln. Seit über zweitausend Jahren verkünden diese eindrucksvollen Berge schon die Herrlichkeit des Schöpfers, aber keine Sekunde lang haben diese majestätischen Gipfel je von Jesus gesprochen. Gott hat seine Größe allen Menschen hier in den Dörfern gezeigt, aber kaum einer hat je von seiner Gnade gehört.

Wie kommt das?

Das Fenster zur Hölle

Alle diese Fragen spitzen sich zu, als sich unser Weg den Berghang hinunter zu einem Fluss schlängelt. Von Weitem sehe ich schon, wie vom Wasser her Rauch aufsteigt, kann mir das aber nicht erklären. Je näher wir kommen, desto mehr Menschen strömen herbei und versammeln sich am Ufer. Irgendetwas Besonderes muss hier vorgehen, aber niemand bereitet uns auf das vor, was sich gleich vor unseren Augen abspielen wird.

Während wir uns dem Menschenauflauf nähern, sehen wir eine Gruppe junger Männer etwas tragen, was aussieht wie ein in weiße Leintücher gewickelter Verstorbener. Fassungslos beobachten wir, wie sie den toten Körper auf eine Plattform gute fünf Meter über der Wasseroberfläche legen. Als wir die Menschen wehklagen hören, wird uns klar, dass dies ein Scheiterhaufen für eine Feuerbestattung sein muss. Nachdem der Tote obenauf gelegt worden ist, zündet ein älterer Mann mittels einer brennenden Fackel die Füße, die Hände und den Kopf des Toten an. Die weißen Leintücher werden schwarz, der ganze Körper fängt Feuer, gelbe Flammen schlagen in die Luft und schwarzer Rauch steigt in den blauen Himmel auf.

Aaron tritt hinter uns und erklärt uns, was hier vor sich geht. Es handelt sich um ein hinduistisches Ritual. Die Hindus in dieser Gegend halten den Fluss für heilig. Wann immer also ein Angehöriger oder Freund stirbt, bringen sie den Verstorbenen innerhalb von vierundzwanzig Stunden zum Fluss und zünden ihn an. Sie glauben, die in den Fluss fallende Asche helfe dem Toten bei der Reinkarnation.

Die anderen beginnen, Aaron Fragen zu stellen, aber ich trete zur Seite und setze mich auf den Boden. Ich kann meinen Blick nicht abwenden. Unablässig starre ich in die Flammen und denke über das nach, was ich glaube. Über das, was ich aus der Bibel predige, nämlich dass alle, die nicht darauf vertrauen, dass Jesus sie aus ihren Sünden rettet, in einer ewigen Hölle für ihre Schuld bezahlen müssen.

Die Hölle – ein Ort, den Jesus als Folter bei vollem Bewusstsein beschreibt. Als äußere Dunkelheit. Als furchtbare Todesqualen. An mehreren Stellen schildert die Bibel die Hölle als einen Feuersee, dem die Menschen nie mehr entrinnen werden.

Mancher mag einwenden, diese biblischen Beschreibungen seien nur symbolisch gemeint. Vielleicht, so glauben viele, sei die Sprache gar nicht wörtlich zu verstehen. Aber selbst wenn dies so wäre, müssten wir uns die Frage stellen: Was meinen wir denn, was diese Symbole der Hölle darstellen sollen? Einen winterlichen Rückzugsort? Einen Sommerurlaub? Nein, dies sind keine Beschreibungen für einen schönen Ort. Es sind Bilder für einen furchtbaren Ort! Der Zweck eines Symbols liegt darin, eine größere Wirklichkeit auszudrücken, als Worte es vermögen. Der Gedanke, die Schilderung der Hölle könnte symbolisch sein, hat also nichts Tröstliches an sich.

So sitze ich hier am Flussufer und es wird mir bewusst: Wenn das, was ich glaube, wirklich wahr ist, dann habe ich hier das sichtbare Bild einer geistlichen Wahrheit vor Augen. Dieser Mensch, dessen Körper hier verbrennt, war vor vierundzwanzig Stunden noch am Leben. Jetzt aber ist er in der Hölle, einem ewigen Feuer, aus dem es keine Rettung mehr gibt.

Als sei diese Erkenntnis noch nicht genug, fällt es mir wie Schuppen von den Augen: Dieser Mensch – wie fast jeder andere, dessen sterbliche Überreste auf einem dieser Scheiterhaufen verbrannt werden – ist nicht nur in der Hölle, sondern hat wahrscheinlich sein Leben lang noch nicht einmal die Chance gehabt zu erfahren, wie er hätte in den Himmel kommen können. Dieser Mensch hat nie gehört, wie Jesus ihn aus seinen Sünden hätte retten können.

Stimmt das wirklich? Ist es tatsächlich so? Erwartet Menschen, die auf der Erde noch nicht einmal die Chance hatten, vom Himmel zu hören, wirklich die ewige Hölle?

Ich habe dies schon Hunderte Male so gepredigt und habe ganze Buchkapitel darüber geschrieben, dass das Schicksal der Menschen, die das Evangelium nicht hören, ewige Verdammnis sei. Doch in diesem Moment fühlt sich die Last dessen, was ich über „diese Menschen" glaube, noch tausend Mal schwerer an – wenn ich „diesen Menschen" betrachte, dessen Körper da gerade von den Flammen verzehrt wird. Gestern noch hat diese Person in einem der Dörfer in der Gegend hier gelebt. Es ist, als würde ich durch ein Fenster in die Hölle blicken, und ich ringe schwer mit dem Glauben an das, was ich sehe.

Ich bin hier in den Bergen eingehüllt von Gottes Majestät. Doch ich frage mich, wo in diesem Geschehen seine Gnade zu finden ist.

Zwei Möglichkeiten

Als ich mich umschaue, stelle ich fest, dass ich allein bin. Nun entdecke ich, dass die Gruppe schon auf der anderen Flussseite weitergegangen ist. Schnell stehe ich auf und beeile mich, zu ihnen aufzuschließen. Offensichtlich hat Aaron mich im Auge behalten. Er bleibt ein wenig hinter den anderen zurück, bis ich wieder aufgeholt habe.

„Alles klar bei dir?", fragt er.

„Nein", gebe ich zu, „überhaupt nicht."

„Was denkst du?"

„Ich begreife es nicht. Ich glaube, was die Bibel über Himmel und Hölle lehrt. Ich stehe zu allem, was ich darüber gepredigt und geschrieben habe – was mit denen passiert, die sterben, ohne je das Evangelium gehört zu haben. Warum fällt es mir dann so unfassbar schwer, das zu glauben, was ich sehe?"

Aaron versteht mich. „Ich kenne niemanden, der die Hölle als eine Realität ansieht und nicht an irgendeinem Punkt mit diesem Glauben kämpft. Wenn du nicht mit dem ringst, was du über die Hölle glaubst, dann glaubst du gar nicht wirklich daran."

„Aber warum?", frage ich, als hätte ich zum allerersten Mal wirklich darüber nachgedacht. „Ich meine, wenn doch das Evangelium die Wahrheit ist, warum gibt es dann so viele Menschen auf der Welt, die es noch nicht einmal gehört haben?"

„Das", entgegnet Aaron, „ist für mich das eigentliche Rätsel."

Wir gehen eine Weile still nebeneinanderher. Dann bricht Aaron das Schweigen: „Was die Hölle anbelangt, bin ich zu folgender

Erkenntnis gelangt: Du und ich und jeder andere, der in diese Gegend kommt, hat zwei Möglichkeiten, mit dem umzugehen, was wir hier sehen."

„Okay, ich höre."

„Die erste Möglichkeit ist, der Bibel einfach nicht zu glauben – beim Anblick verbrennender Leichname für sich zu beschließen, dass es keine Hölle geben kann. Oder vielleicht auch nur, dass Jesus gar nicht notwendig ist, damit Menschen in den Himmel kommen. Dass sie ihm dazu nicht vertrauen müssen. Wer aber das glaubt, der glaubt der Bibel nicht mehr. Das ist die eine Möglichkeit."

„Und die andere?", möchte ich wissen.

„Die andere Möglichkeit ist, der Bibel zu glauben und diesen Glauben zu bekennen. Das heißt, dein Leben dafür einzusetzen, seine Liebe und Wahrheit in einer Welt tiefer geistlicher Not weiterzugeben. Denn leibliche Not ist nicht alles – so wichtig es sein mag, sie zu lindern. Es geht darum zu erkennen, dass die geistliche Not das größere Problem ist – und entsprechend zu leben."

Ich bohre nach. „Wie kannst du so etwas sagen? Gestern haben wir gesehen, wie schlimm körperliche Not sein kann. Und ihr tut ja hier auch alles Mögliche, um Abhilfe zu schaffen. Ist das nicht genauso wichtig?"

„Nein", entgegnet Aaron. „Versteh mich nicht falsch – es ist außerordentlich wichtig, sich der leiblichen Not anzunehmen. Ein von Cholera heimgesuchtes Dorf mit Wasserfiltern, medizinischer Ausrüstung und sanitären Anlagen zu versorgen, war dringend notwendig."

„Genau", pflichte ich ihm bei, aber Aaron unterbricht mich.

„Aber so hilfreich diese Wasserfilter sein mögen – Tatsache ist: Sie bringen keinen der Dorfbewohner in den Himmel. Medizinische Ausrüstung und sanitäre Anlagen genauso wenig. Was dieses Dorf mehr als alles andere braucht, ist die Wahrheit von Gottes Liebe, die ihnen ewiges Leben schenkt."

Die größte Not

Kaum hat Aaron seinen Satz beendet, ruft ihn jemand von weiter vorne zu sich. So bin ich wieder mit meinen Gedanken allein. Ich versuche die Ereignisse dieses Tages zu verarbeiten, während wir uns dem nächsten Dorf nähern, wo wir übernachten werden.

Beim Nachdenken über das Verhältnis zwischen körperlicher und geistlicher Not fällt mir eine Konferenz ein, auf der ich vor ein paar Monaten gepredigt habe. Ungefähr tausend junge christliche Gemeindeleiter aus über Hundert Ländern nahmen daran teil und ich wurde gebeten, zwanzig Minuten zu sprechen. Mir war nicht klar, dass in den sozialen Medien für die Konferenz eine Plattform eingerichtet worden war, sodass die Teilnehmer sich sogar während der Referate über das austauschen konnten, was der Redner sagte. Das bemerkte ich erst, als meine zwanzig Minuten Redezeit um waren und ich erfuhr, dass meine Worte lebhafte Diskussionen ausgelöst hatten.

Im Wesentlichen hatte ich genau über die Themen gesprochen, mit denen ich heute auf dem Weg so gerungen habe: über die reale Existenz der Hölle und die Dringlichkeit, Menschen das Evangelium zu predigen, die noch nie davon gehört haben. Ich hatte beschrieben, dass es die Hölle wirklich gebe und dass sie ewig sei, wie die Bibel es lehrt. Deshalb müsse es für die Kirche in aller Welt höchste Priorität haben, das Evangelium zu predigen.

Nachdem ich geendet hatte, kamen einige der jungen Leiter auf mich zu, um mit mir darüber zu diskutieren, ob es denn tatsächlich eine Hölle gebe, die auf ewig bestehe. Andere meinten, es sei doch genauso wichtig – in manchen Situationen sogar noch wichtiger –, sich für soziale Gerechtigkeit einzusetzen und Barmherzigkeit zu üben, als das Evangelium zu predigen.

Diese Debatten setzten sich noch Tage und Wochen über die Konferenz hinaus fort. Einige der Organisatoren äußerten Bedenken über das, was ich gesagt hatte. Letztlich war ich erstaunt, warum es ein solches Problem sein konnte, auf einer christlichen Konferenz über das Bild zu sprechen, das die Bibel von der Hölle malt, und über die Wichtigkeit von Evangelisation.

Jetzt, mehrere Monate danach, beim Wandern auf diesen Bergpfaden, wo ich so viel Not sehe, verstehe ich besser, wo diese Leiter herkommen. Wie ich gestern hautnah erlebt habe, ist es inmitten größten körperlichen Leids tatsächlich dringend geboten, für soziale Gerechtigkeit zu kämpfen und den Menschen Barmherzigkeit zu erweisen. Außerdem sehe ich heute wieder ganz neu, dass die Möglichkeit (und wie viel mehr erst die Wirklichkeit) einer ewigen Hölle verheerend ist.

Ohne Frage: Ein guter Teil von mir wünscht sich in diesem Moment, dass es keine Hölle gäbe. Ich will nicht, dass dieser Verstorbene, dessen Leib hier noch brennt, die Ewigkeit getrennt von Gott zubringen muss. Aber Aarons Worte treffen mich bis ins Mark und mir wird klar, dass ich zwei Möglichkeiten habe:

Die erste ist, das, was die Bibel sagt, vom Tisch zu wischen. Ich kann behaupten, dass Gottes Wort nicht wahr sei. Oder vielleicht subtiler: dass Gottes Wege nicht richtig seien. Ich kann mir einreden, mehr Mitgefühl zu haben als Gott selbst. Lägen die Geschicke der Welt in meiner Hand, hätte ich niemals einen Ort wie die Hölle geschaffen. Mit anderen Worten: Ich kann mich schnell davon überzeugen, es besser zu wissen als Gott und sein Wort, wenn es darum geht, was in der Welt recht und gut ist.

Je mehr ich über diese Möglichkeit nachdenke, desto mehr erkenne ich: Sie ist das Wesen der Sünde. Vor langer Zeit kam im ersten Buch Mose die Sünde in die Welt, als die Geschöpfe glaubten, es besser zu wissen als der Schöpfer. Die Sünde kam in die Welt, als Mann und Frau sich einredeten, sie hätten recht mit ihrer Ansicht, was gut sei, und Gott läge falsch.

Meine andere Möglichkeit ist, Gott in seinem Wort, der Bibel, zu glauben und diesen Glauben zu bekennen. Das heißt, mein Leben dafür einzusetzen, seine Liebe und Wahrheit in einer Welt tiefer geistlicher Not weiterzugeben. Natürlich werde ich auch für soziale Gerechtigkeit kämpfen und alles tun, um körperliches Leid zu lindern. Aber Wasserfilter, medizinische Ausrüstung, sanitäre Anlagen und solche Dinge – so wichtig sie für das Leben hier auf der Erde sein mögen – bringen niemanden in den Himmel. Und irdisches Leid – so schlimm es auch sei – ist immer zeitlich begrenzt. Ewiges Leid jedoch hat kein Ende.

Hoffnung über den Tod hinaus

Als ich in dem Dorf, wo wir übernachten werden, die anderen schließlich wieder eingeholt habe, fallen mir die Geschichten aus Lukas 7 und 8 wieder ein, die ich am Morgen gelesen habe: Menschen, die durch Wunder vom Tod auferstehen.

Und mir geht es wieder neu auf: Sei es hier im Himalaja oder an jedem anderen Ort dieser Welt – das Wichtigste im Leben eines jeden Menschen ist es, eine Hoffnung zu haben, die über den leiblichen Tod hinausreicht. Jeder von uns wird sterben, weil wir alle gesündigt haben. Und dies bedeutet, dass alle Menschen von dem hören müssen, der in seiner Liebe den Tod überwunden hat – und an ihn glauben.

Nach dem Abendessen mit der Gruppe sehnen wir uns wie jeden Abend nach einem warmen Bett. So liege ich nun in meinem Schlafsack und bete beim Einschlafen:

> O Gott, ich entscheide mich dafür, deinem Wort zu glauben, auch wenn ich es nicht verstehe. Ich entscheide mich zu glauben, dass Jesus allein die Macht über den Tod und die Vollmacht hat, Leben zu bringen. Und, Herr, wenn das wirklich wahr ist, dann haben die Leute hier nichts nötiger, als von Jesus zu erfahren. Du weißt das! Und ich erkenne es jetzt deutlicher als je zuvor.

Darum flehe ich zu dir wie nie zuvor! Bitte zeige
hier in den Bergen deine Gnade! Bitte zeige jetzt deine
Gnade, o Gott! Vor der nächsten Himmelsbestattung!
Bevor noch mehr Leute im Leben und im Sterben
ihre einzige Hoffnung darauf setzen, Räucherwerk
vor einer Statue zu verbrennen! Bevor noch mehr
Menschen auf Scheiterhaufen verbrannt werden! Zu
lange – viel zu lange, Herr, haben die Leute hier den
Namen Jesus nicht gehört und nichts von seiner Liebe
und Kraft, seinem Mitgefühl und seiner Vollmacht
erfahren. Ich flehe dich an: Zeige hier dein Heil!
Und bitte, Herr, gebrauche mein Leben, wie immer du
willst, dein Evangelium zu verbreiten als die Antwort
auf das, was jeder Mensch auf der Welt am nötigsten
braucht: Versöhnung und ewiges Leben bei dir.

Zum Nachdenken

- Halten Sie geistliche Not für schwerwiegender als körperliches Leid? Wie beeinflusst die Antwort auf diese Frage Ihr tägliches Leben?
- Wie gehen Sie damit um, dass viele Menschen auf der Welt noch nicht von Jesus gehört haben? Was meinen Sie, wie sich dies auf Ihren Lebensstil auswirken sollte?

Tag 4
Ich sah winzige Lichter den Berg heraufziehen

Vor Tagesanbruch

Auf unserer Tour übernachten wir in kleinen Kammern, die an Teehäuser angegliedert sind. Jede Kammer hat ein Bett, das heißt, eine einfache Holzpritsche mit einer dünnen Matte darauf. Der Platz daneben reicht gerade einmal dazu, einen Rucksack abzustellen. Die Wände bestehen aus getäfeltem Holz, genauso der Boden, der bei jedem Schritt knarrt. Sie können nachts nicht auf die Toilette gehen, ohne einen gewaltigen Lärm zu machen. Aber glauben Sie mir, darauf sind Sie sowieso nicht erpicht, denn haben Sie einmal den Reißverschluss Ihres Schlafsacks zugezogen, wollen Sie sich nicht mehr vom Fleck rühren. Wohlgemerkt: Sie schlafen bei Temperaturen unter dem Gefrierpunkt.

Wenn Sie nachts in Ihre Kammer kommen, ist es dort stockdunkel und Sie brauchen eine Stirnlampe, da es keinen elektrischen Strom gibt. Als Erstes suchen Sie den winzigen Raum so gründlich wie möglich nach kleinen Lebewesen ab, die Ihnen nachts möglicherweise Gesellschaft leisten möchten. Bei den im Himalaja vorkommenden Springspinnen handelt es sich um die bekannteste Spezies, die dauerhaft in sehr großer Höhe – bis etwa 6 500 Meter – leben kann. Diese kleinen Kreaturen sind zwar zweifelsohne faszinierend, aber Sie haben wie ich bestimmt trotzdem keine Lust, mit einer von ihnen das Schlafquartier zu teilen.

Wenn Sie also (hoffentlich!) keine derartigen Krabbeltiere gefunden haben, stellen Sie Ihr Gepäck ab und packen Ihren Schlafsack aus. Sie legen ihn auf die Matte und erledigen Ihre Abendtoilette. Dann ziehen Sie Ihre Schuhe und Ihre Jacke aus und springen so schnell wie möglich in Ihren Schlafsack. Sofort ziehen Sie den seitlichen Reißverschluss ganz hoch, bis er sogar Ihren Kopf und Ihr Gesicht bedeckt. Nur einen kleinen Spalt zum Atmen lassen Sie frei.

Dann setzt es ein – dieses wohlige Gefühl, das die eingeschlossene Wärme auslöst. Ein angenehmer Gegensatz zum Wandern durch die Kälte! Und nach den vielen Kilometern, die Sie heute zu Fuß zurückgelegt haben, dauert es gar nicht lange, bis die Wärme Sie in einen sanften Schlummer sinken lässt. Im Idealfall erwachen Sie erst wieder, wenn die aufgehende Sonne durch die Ritzen in der Holztäfelung dringt und den neuen Tag ankündigt.

Die Sonne weckt mich auch heute. Ich habe es aber gar nicht eilig, aus meinem kuschelig warmen Schlafsack herauszusteigen. Also ziehe ich den Reißverschluss nur so weit auf, dass ich meine Bibel lesen und ein paar Gedanken festhalten kann. Heute Morgen bin ich bei Lukas 10 angelangt und lese unter anderem folgende Geschichte:

Ein Gesetzeslehrer wollte Jesus auf die Probe stellen. „Meister", fragte er, „was muss ich tun, um das ewige Leben zu bekommen?"

Jesus entgegnete: „Was steht im Gesetz? Was liest du dort?"

Er antwortete: „Du sollst den Herrn, deinen Gott, lieben von ganzem Herzen, mit ganzer Hingabe, mit aller deiner Kraft und mit deinem ganzen Verstand!' Und: ‚Du sollst deine Mitmenschen lieben wie dich selbst!'"

„Du hast richtig geantwortet", sagte Jesus. „Tu das, und du wirst leben."

Der Gesetzeslehrer wollte sich verteidigen; deshalb fragte er: „Und wer ist mein Mitmensch?"

Daraufhin erzählte Jesus folgende Geschichte: „Ein Mann ging von Jerusalem nach Jericho hinunter. Unterwegs wurde er von Wegelagerern überfallen. Sie plünderten ihn bis aufs Hemd aus, schlugen ihn zusammen und ließen ihn halb tot liegen; dann machten sie sich davon. Zufällig kam ein Priester denselben Weg herab. Er sah den Mann liegen, machte einen Bogen um ihn und ging weiter. Genauso verhielt sich ein Levit, der dort vorbeikam und den Mann liegen sah; auch er machte einen Bogen um ihn und ging weiter. Schließlich kam ein Reisender aus Samarien dort vorbei. Als er den Mann sah, hatte er Mitleid mit ihm. Er ging zu ihm hin, goss Öl und Wein auf seine Wunden und verband sie. Dann setzte er ihn auf sein eigenes Reittier, brachte ihn in ein Gasthaus und versorgte ihn mit allem Nötigen. Am nächsten Morgen nahm er zwei Denare aus seinem Beutel und gab sie dem Wirt. ‚Sorge für ihn!', sagte er. ‚Und sollte das Geld nicht ausreichen, werde ich dir den Rest bezahlen, wenn ich auf der Rückreise hier vorbeikomme.'"

„Was meinst du?", fragte Jesus den Gesetzeslehrer. „Wer von den dreien hat an dem, der den Wegelagerern in die Hände fiel, als Mitmensch gehandelt?"

Er antwortete: „Der, der Erbarmen mit ihm hatte und ihm geholfen hat."

Da sagte Jesus zu ihm: „Dann geh und mach es ebenso!" (Lukas 10,25–37).

Ich denke darüber nach, was ich gelesen habe, und nehme mir einen Moment Zeit, Tagebuch zu schreiben:

Ich liebe dich, Gott. Ich liege hier vor Tagesanbruch in meinem Schlafsack in völliger Ehrfurcht und Liebe. Auch wenn ich das Geheimnis deiner Liebe zu mir nicht verstehe – ich danke dir dafür. Ich will dich lieben von ganzem Herzen, mit ganzer Hingabe, mit aller meiner Kraft und mit meinem ganzen Verstand und ich will meine Mitmenschen lieben, so wie du es mir geboten hast. Bitte lehre mich, was das bedeutet.

Knarrende Dielen signalisieren mir, dass die anderen mittlerweile aufgestanden sind. Ich weiß, dass es bald Frühstück gibt, deshalb steige ich aus dem Bett und spare mir Lukas 11 für später auf. Wie die anderen rolle ich meinen Schlafsack zusammen und verstaue alles in meinem Rucksack. Dann gehe ich ins Teehaus hinüber, wo Tee, Brot und Omelett warten.

An diesem Morgen schneit es und wir sitzen mit Jacken, Mützen und Handschuhen um den Frühstückstisch. Es ist uns anzusehen, dass wir unser warmes Bett sehr genossen haben und eigentlich noch gar nicht bereit sind, wieder in die Kälte einzutauchen. Während wir frierend und verschlafen ein wenig plaudern, sehen wir unseren Atem als weiße Wölkchen in der Luft. Wenn jemand Masala-Tee in eine Tasse gießt, steigt der Dampf aus der Thermoskanne wie Rauch auf. Wir wärmen uns beide Hände an unseren Tassen, trinken in kleinen Schlucken unseren Tee und essen.

Als wir fast fertig sind, erklärt Aaron, was uns an diesem Tag erwartet.

„Wir haben heute eine lange Strecke vor uns. Es geht bergauf durch eine Gegend, die Gasa heißt. Dort gibt es keine Möglichkeit für eine Mittagsrast. Ihr müsst unbedingt genügend trinken und ein paar Snacks oder Riegel für unterwegs griffbereit haben."

Jeder von uns stöbert in seinem Rucksack nach Proviant.

„Ach ja, und passt heute gut auf, wo ihr eure Füße hinsetzt", warnt uns Aaron. „Manche Pfade sind sehr schmal und steil."

Damit ruft er uns zum Aufbruch. Wir setzen unsere Rucksäcke auf und treten hinaus auf den schneebedeckten Weg.

Ein Herzproblem

Schon bald ist der Pfad zu schmal, um nebeneinander gehen und uns unterhalten zu können. Besonders gesprächig sind wir an diesem Morgen ohnehin nicht. So ist es uns ganz recht, dass jeder für sich einige Zeit seinen Gedanken nachhängen kann. Außerdem ist der Pfad durch den Schnee so rutschig, dass wir uns auf jeden Schritt konzentrieren müssen.

Beim Gehen fällt mir die Geschichte aus Lukas 10 wieder ein. Dieser jüdische Schriftgelehrte hat wirklich eine gute Frage gestellt: „Was muss ich tun, um das ewige Leben zu bekommen?" (Vers 25). Wenn ich über das nachdenke, was ich auf dieser Tour schon gesehen habe, dann begreife ich: Dies ist tatsächlich die wichtigste Frage überhaupt! Von vermeidbaren Krankheiten bis hin zu Cholera-Ausbrüchen, von Himmelsbestattungen bis hin zu Scheiterhaufen – ich kann mir keine wichtigere Frage für mein Leben und das Leben eines jeden Einzelnen hier in den Bergen denken. Eigentlich auf der ganzen Welt.

Wie leicht lassen wir uns durch viel banalere Fragen ablenken! *Was gibt es Neues? Was sind die neuesten Modetrends? Wer sagt was auf Facebook, Twitter oder Instagram? Ist meine Rente sicher? Wie wird sich meine Lieblingsmannschaft in diesem Jahr schlagen?* Im Licht meiner jüngsten Erfahrungen relativieren sich all diese Dinge.

Jesus antwortet auf die Frage des Schriftgelehrten mit einer Gegenfrage. Wie ich es hasse, wenn jemand das bei mir macht! Und doch ist Jesus darin geradezu ein Meister. Und insbesondere bei religiösen Führern verfolgt er damit ein Ziel. Der Mann gibt die richtige Antwort. Im Wesentlichen zitiert er das, was Jesus als die beiden größten Gebote bezeichnet hat: Liebe Gott und liebe deine Mitmenschen wie dich selbst. Also gibt Jesus ihm recht. Er bestätigt es: Wer Gott von ganzem Herzen liebt, dazu seinen Nächsten wie sich selbst, der findet das ewige Leben.

Genau das habe ich in mein Tagebuch geschrieben. Ich will Gott von ganzem Herzen lieben und bin überwältigt von seiner Liebe zu mir. Aber was ist mit dem zweiten Satz „Du sollst deine Mitmenschen lieben wie dich selbst"? Wieder muss ich daran denken, was ich in den letzten Tagen gesehen habe, und frage mich, was das wirklich bedeutet. Wie sieht diese Art von Liebe hier aus? Wie würde es für mich ganz konkret aussehen, diese Menschen wie mich selbst zu lieben? Schlagartig wird mir klar: Wenn ich das wirklich täte, würde ich wahrscheinlich nicht einfach wandern gehen, wie ich es gerade tue.

Wenn ich Kamal liebte wie mich selbst, hätte ich ihn dann nicht persönlich hinunter in die Klinik begleitet, damit sein Auge behandelt werden kann?

Wäre meine eigene achtjährige Tochter als Sexsklavin verkauft worden, würde ich mich sofort ins Tal aufmachen und alles in meiner Macht Stehende tun, sie zu finden. Wenn ich also diese Familien liebte wie mich selbst, warum laufe ich dann nicht hinunter und helfe ihnen, ihre Töchter zu finden?

Wenn ich das hungrige kleine Mädchen dort in dem Dorf liebte wie mich selbst, dann hätte ich ihr doch sicher alles gegeben, was ich an Essbarem in meiner Tasche hatte.

Wenn ich diese Familie, bei der wir zu Brot und Buttertee zu Gast waren, liebte wie mich selbst, dann wäre ich immer noch dort und würde ihnen von der Liebe Jesu erzählen, die ewiges Leben ermöglicht – nicht durch Anzünden von Kerzen und Verbrennen von Räucherwerk, sondern durch das Vertrauen darauf, was Jesus am Kreuz für alle Menschen getan hat.

Wenn ich diese Menschen, die dort am Scheiterhaufen um einen

Menschen getrauert haben, liebte wie mich selbst, wäre ich stehen geblieben und hätte den Trauernden unermüdlich erklärt, wie Jesus den Tod besiegt und ihnen das ewige Leben ermöglicht hat. Ich hätte sie gefragt, wer von ihren Angehörigen oder Bekannten im Sterben liege, sodass ich hätte hingehen können und ihnen die Gute Nachricht predigen, bevor ihre toten Körper auf dem Scheiterhaufen endeten.

Was heißt es in solchen Situationen, meinen Nächsten wie mich selbst zu lieben? Wie können wir in einer Welt wie dieser überhaupt unsere Mitmenschen lieben wie uns selbst?

Kaum habe ich begonnen, mir diese Fragen zu stellen, da merke ich schon, dass ich anfange, mich herauszureden und zu erklären, warum ich eben nichts von all dem tue. Mir fallen genügend Gründe ein, warum es nicht sinnvoll wäre, dieses oder jenes zu tun. Und inmitten meines Versuchs, mich selbst zu rechtfertigen, erkenne ich, dass ich viel mit dem Schriftgelehrten in der Geschichte gemeinsam habe. Lukas 10,29 zeigt mir wie in einem Spiegel mein eigenes Herz in einem Mann, der sich selbst verteidigen wollte und fragte: „Und wer ist mein Mitmensch?"

Dieser Mann möchte Klarheit darüber, wer sein Nächster sei, um zu wissen, ob er genügend tue, um das ewige Leben zu bekommen. Und genau das ist der Schlüssel zu der Geschichte, die Jesus dann erzählt.

Die Straße von Jerusalem hinab nach Jericho verläuft über siebenundzwanzig Kilometer bergab. Auf dem Weg gibt es jede Menge Höhlen, Steine und Felsspalten. Eigentlich ganz ähnlich wie hier (auch wenn ich wünschte, ich könnte bergab gehen und müsste nicht immer wieder diese steilen Aufstiege bewältigen). Offensichtlich wurden diese Höhlen damals gerne von Banditen benutzt, die sich darin versteckten. Jedenfalls fällt in Jesu Gleichnis ein Mann einer Gruppe von Räubern zum Opfer. Sie reißen ihm seine Kleider vom Leib, schlagen ihn grün und blau und lassen ihn halb tot liegen.

Nicht lange danach kommt ein Priester vorbei, der genau weiß, was Gottes Gesetz fordert, nämlich sich des Fremden in Not anzunehmen und das Erforderliche zu tun, um seine Not zu lindern (3. Mose 19,34). Ich stelle mir die Situation vor und denke: *Ein Besserer hätte für den Mann in diesem Moment eigentlich nicht vorbeikommen können.* Aber Jesus sagt, dass der Priester ihn sieht und auf der anderen Straßenseite vorbeigeht. Es wird buchstäblich geschildert, wie der Priester ihn anschaut und bewusst vor ihm wegläuft. *Ungefähr so, wie ich es vor ein paar Tagen getan habe.*

Gut, dass der Mann noch eine zweite Chance hat, Hilfe zu bekommen, nämlich in einem Leviten, so etwas wie ein Priesterassistent. Aber Jesus beschreibt, dass sich der Levit genau wie zuvor der Priester umdreht und einen Bogen um den Verletzten macht. Die Ironie könnte nicht deutlicher sein: Die beiden Führer unter Gottes Volk, die beauftragt sind, den Notleidenden zu helfen, lassen ihn links liegen. Die Spannung in dieser Geschichte ist mit Händen zu greifen. Wer wird diesem sterbenden Mann Liebe erweisen?

Hier nimmt das Gleichnis Jesu seine erschütternde Wende. „Aber ein Samariter", sagt Jesus. Ein verhasster Außenseiter. Ein Mischling, von dem die Juden glauben, er verunreinige die Erblinie des Volkes Gottes. Kaum hat Jesus dieses Wort ausgesprochen, wird der Gesetzeslehrer angefangen haben, innerlich zu kochen.

Im weiteren Verlauf der Geschichte bleibt der Samariter stehen, kümmert sich um die Not des Mannes, wäscht seine Wunden und bringt ihn zum nächsten Gasthaus, wo er für seine umfassende Pflege bezahlt. Am Ende hat Jesus die Frage komplett herumgedreht. Sie lautet nun nicht mehr „Wen muss ich lieben?", sondern „Wer ist derjenige, der liebt?".

Und selbst hier kann sich der Schriftgelehrte nicht überwinden, das Wort *Samariter* in den Mund zu nehmen. Er sagt also einfach: „Der, der Erbarmen mit ihm hatte." Jesus entgegnet ihm: „Dann geh und mach es ebenso!" (Lukas 10,37). Im Verlauf einer kurzen Geschichte bringt Jesus diesen Angehörigen der religiösen Elite so weit, dass er begreift, was das Gesetz damit sagen will, wenn es behauptet, Liebe sei etwas viel Tieferes als religiöse Erkenntnis und religiöse Verantwortung. Die Liebe, die Gottes Gesetz fordert, ist viel größer, viel riskanter, viel kostspieliger und viel unbequemer, als sich der Schriftgelehrte das je vorgestellt hat.

Ich stapfe auf dem schmalen Pfad durch den frischen Schnee und begreife ganz neu das Wunder, das in dieser Geschichte liegt. Sie ist nicht nur einfach ein Aufruf, Menschen in Not unvoreingenommen zu helfen. Wenn dies der Fall wäre, hätte Jesus jederzeit beschreiben können, wie ein jüdischer Mann, zum Beispiel dieser Schriftgelehrte, die Straße entlangkommt, einen Samariter in Not sieht und trotz seiner Vorbehalte stehen bleibt und dem Notleidenden hilft. Dann wäre die Botschaft der Geschichte eindeutig: Kümmere dich um Menschen in Not – ungeachtet deiner Vorurteile.

Aber Jesus erzählt die Geschichte nicht so. Er nimmt den Schriftgelehrten bewusst mit in eine verschlungene Erzählung, die das Versagen der religiösen Elite (hier in Gestalt von Priester und Levit) deutlich macht, dem Gesetz Gottes gerecht zu werden. Dann bringt er einen Samariter ins Spiel, um den tief sitzenden Hass und die Vorurteile aufzudecken, die der Schriftgelehrte in seinem Herzen gegenüber dem samaritanischen Volk hegt. Dabei macht Jesus eines klar: Der Schriftgelehrte braucht ein neues Herz. So wie wir alle. Es gibt eine Liebe zu Gott und zu den Mitmenschen, die sich schlichtweg nicht durch religiöses Lernen produzieren lässt.

Je mehr ich darüber nachdenke, desto mehr Sinn ergibt das für mich. Ich stelle mir gerade vor, wie das Gespräch zwischen dem Schriftgelehrten und Jesus von Anfang an eine völlig andere Richtung hätte nehmen können. Wohlgemerkt: Er hat das Gebot, Gott aus ganzem Herzen zu lieben und seinen Nächsten wie sich selbst, ausdrücklich genannt. Und Jesus antwortet: „Tu das, und du wirst leben." Aber was wäre, wenn der Mann sich an diesem Punkt nicht mit der Frage „Und wer ist mein Mitmensch?" hätte „verteidigen" wollen? Was wäre, wenn er sich stattdessen hätte „demütigen" wollen und gesagt hätte: „Jesus, das schaffe ich nicht. Ich kann Gott nicht vollkommen lieben und ich kann auch andere nicht ganz selbstlos lieben. Um so lieben zu können, brauche ich Hilfe." Wäre das Gespräch von diesem Moment an nicht völlig anders verlaufen? Und genau an diesem Punkt befinde ich mich jetzt. Umgeben von dem, was ich hier sehe, und mit dieser Geschichte vor Augen stelle ich fest, wie sehr es mir im Herzen an einer solch selbstlosen Liebe mangelt. Konzentriert auf religiöse Lehre und Verantwortung, passiert es mir nur allzu leicht, dass ich existenzielle Not übersehe und nichts dagegen tue. Ich brauche Gott, hier in mir eine Veränderung zu bewirken.

Tränen in Handeln verwandeln

Aber was soll ich tun?, frage ich mich. In diesem Moment eröffnet sich vor uns ein breiterer Weg und ich sehe Aaron ein ganzes Stück vor mir. Ich lege einen Schritt zu, um ihn einzuholen, und sage: „Darf ich dich etwas fragen?"

„Natürlich", antwortet er.

Also komme ich gleich zur Sache. „Am ersten Tag unserer Tour, gleich nachdem wir aus dem Hubschrauber gestiegen waren, hast du uns im Teehaus erzählt, du seist vor zwanzig Jahren mit deinen Studienfreunden hierhergekommen. Eigentlich hättest du zwei Wochen mit ihnen wandern wollen, aber schon in der ersten Nacht habe dir etwas den Schlaf geraubt. Du hättest die ganze Nacht geweint, am Morgen deine Sachen gepackt und seist alleine wieder abgestiegen."

Er nickt, also frage ich weiter: „Was hat dich so erschüttert, dass du umgekehrt bist?"

Aaron lächelt flüchtig, dann wird sein Gesicht ernst. „Ich habe einen Menschenhändler getroffen", erklärt er. Nach einer langen Pause fährt er fort: „Meine Freunde und ich saßen beim Abendessen und unterhielten uns mit einem Mann, der offensichtlich viel Zeit hier oben verbrachte. Und dann fing er an, mit all den Mädchen zu prahlen, die er hier schon kennengelernt habe. Er erzählte, er würde die Mädchen aus ihren verarmten Verhältnissen befreien und ihnen unten in der Stadt Arbeit verschaffen. Sie könnten dort ihren Lebensunterhalt verdienen und Männer wie er hätten auch was davon."

Aaron traten Tränen in die Augen, als er mit zitternder Stimme weitererzählte: „Die Art, wie der Mann über diese Mädchen sprach, war unerträglich. Für ihn waren sie nicht mehr als Objekte, die er und andere gebrauchen und missbrauchen konnten, wann immer es ihnen beliebte. Dann sagte der Mann, er müsse weiter, stand auf und ging. Völlig schockiert sah ich ihm nach. Die anderen redeten noch eine Zeit lang darüber, wie schrecklich es sei, was dieser Mann gesagt habe, aber bald schon wandten sie sich anderen Themen zu: wie sehr sie sich heute Abend auf ihr Bett und morgen früh auf die Wanderung freuten."

Aaron hält erneut inne – offenbar bewegt ihn die lebhafte Erinnerung an diesen Moment sehr. „Aber ich konnte das, was dieser Mann gesagt hatte, einfach nicht vergessen. Ich war wie gelähmt, konnte nicht glauben, was ich gehört hatte. Unaufhörlich kreiste es in meinem Kopf. Immerzu musste ich an diese kleinen Mädchen denken."

Nun laufen Aaron Tränen übers Gesicht. „Nach diesem Abend weinte ich die ganze Nacht. Als ich am nächsten Morgen aufstand, war mir klar, dass ich unmöglich so weitermachen konnte, als sei nichts gewesen. Ich sagte meinen Freunden, sie sollten ohne mich wandern gehen. Ich stieg alleine wieder ab und bemühe mich nun seit zwanzig Jahren darum, Tränen in konkretes Handeln umzuwandeln, damit Gottes Gnade unter diesen Leuten bekannt wird."

Ich habe keine Ahnung, was ich darauf sagen soll. Aaron sieht mir meine inneren Kämpfe an. „Du hast eine gute Frage gestellt, aber sie trifft nicht ganz den Kern. Du wolltest wissen, was mich an diesem Morgen dazu getrieben hat, wieder abzusteigen. Es geht aber gar nicht ums ‚Was'. Es geht ums ‚Wer'. David, Gott hat in dieser Nacht an meinem Herzen ein Werk vollbracht, das mich zum Umkehren bewog. Gott hat in mir eine Liebe zu diesen Menschen und ein tiefes Verlangen geweckt, ihnen diese Liebe in jeder erdenklichen Weise mit meinem Leben zu zeigen. Aus diesem Grund bin ich jetzt hier."

Nun wird unser Pfad wieder schmaler und Aaron geht voraus. „Wir kommen gleich zu einem Steig, der steil bergauf führt", erklärt er. „Lass dir Zeit und achte genau darauf, wo du hintrittst."

Dieser Aufstieg wird mir zum Sinnbild. Wenn ich Aarons Geschichte im Licht von Lukas 10 höre, erkenne ich: Gott ruft mich zu neuen Höhen der Liebe zu ihm und zu anderen. Er ruft mich zu einer Liebe, die all mein religiöses Wissen und Verantwortungsgefühl weit übersteigt. Zu einer Liebe, die nur Gott schaffen kann. Diese Liebe kann auch Sie dazu bewegen, die Pläne, die Sie für Ihr Leben, Ihre Familie oder Ihre Zukunft haben, zu ändern. Diese Liebe kostet etwas, sie ist unbequem und verwehrt es Ihnen, sich selbstgefällig und selbstzufrieden vor den Nöten um Sie herum abzuschotten. Aber sie bringt auch eine große Erfüllung mit sich.

Während ich vorsichtig den Steig hochklettere, denke ich: *Diese Liebe soll mein Leben prägen. Das wünsche ich mir.*

Falsche Gipfel

Aaron hat nicht zu viel versprochen. Es geht steil bergauf und nach kurzer Zeit brennen meine Schienbeine und Waden fürchterlich. Zur Muskelanstrengung kommt noch die Belastung der Lunge. Einige Leute haben mir als Training für diese Tour empfohlen, mit einer Mund- und Nasenschutzmaske wandern zu gehen, um mich auf das Atmen in großer Höhe mit reduziertem Sauerstoff vorzubereiten. Andere haben vorgeschlagen, ich solle beim Wandern nur durch einen Strohhalm atmen. Keiner der beiden Trainingsmethoden konnte ich etwas abgewinnen. Sie kamen mir ein wenig seltsam vor.

Das bedeutet, dass ich (wie andere, die sich auch nicht so gut vorbereitet haben) auf diesem Steig immer nach zehn Schritten stehen bleiben und die Aussicht genießen (das heißt, verschnaufen) muss. 500 Höhenmeter Aufstieg in Etappen von zehn Schritten – Sie können sich vorstellen, wie viel Gelegenheit ich habe, die Aussicht zu genießen …

Der Steig ist aber nicht nur steil, er ist auch trügerisch. Ich habe den Gipfel schon vor Augen. Noch in einiger Entfernung zwar, die ich aber als machbar einschätze. Also steige ich langsam und methodisch weiter, immer zehn Schritte. Die letzten Etappen sind die schwierigsten, aber ich gebe nicht auf, denn schließlich habe ich es gleich geschafft. Ich bringe den Willen zum Durchhalten auf, weil ich weiß, dass ich bald am Ziel bin. Nur noch zwanzig Schritte. Dann nur noch zehn.

Als ich mich nach dem letzten Schritt endlich erschöpft am Gipfel ausruhen will, muss ich erkennen, dass ich noch gar nicht oben bin. Und zwar nicht einmal annähernd. Ein falscher Gipfel! Dieser Berg ist noch viel höher, als ich gedacht habe, und ich habe vielleicht gerade einmal ein Viertel seiner Höhe überwunden.

Das ist eine herbe Enttäuschung und wir alle erkennen, dass wir eine mentale Strategie brauchen, um ans Ziel zu gelangen. Ich persönlich beschließe beim Anblick des Gipfels (oder dessen, was ich dafür halte!), den Rest des Weges in Hälften aufzuteilen. Mit vollem Einsatz werde ich die halbe Strecke steigen und mir dann eine lange Pause gönnen. Den restlichen Weg teile ich dann wieder in zwei Hälften und mache eine kleine Pause, bevor ich den letzten Anstieg zum Gipfel in Angriff nehme. Fest überzeugt, dass mein Plan funktionieren wird, trinke ich noch etwas Wasser und mache mich auf den Weg.

Die erste Hälfte ist tatsächlich hart und kostet mich eine gute Stunde. Da ich immer nur kurz zum Verschnaufen stehen geblieben bin, brauche ich nun eine Pause. Auf halbem Weg halte ich also an und setze mich auf einen flachen Stein. Ich bin allein, hole einen Imbiss und meine Wasserflasche heraus, um mich herum ein fantastisches Panorama.

Schamlose Verwegenheit

Könnte es einen schöneren Platz auf dieser Erde geben als diesen, um einige Zeit mit Gott allein zu sein? Mir fällt ein, dass auch Jesus, wie es die Bibel beschreibt, sich zum Beten immer wieder allein auf einen Berg zurückgezogen hat. Außer Atem und mit wackeligen Knien habe ich es im Moment gar nicht eilig weiterzugehen. Also beschließe ich, meine Bibel herauszuholen und Tagebuch zu schreiben. Ich lese den ersten Teil von Lukas 11:

> Jesus hatte unterwegs haltgemacht und gebetet. Darauf bat ihn einer seiner Jünger: „Herr, lehre uns beten; auch Johannes hat seine Jünger beten gelehrt."
>
> Jesus sagte zu ihnen: „Wenn ihr betet, dann sprecht: Vater, dein Name werde geheiligt. Dein Reich komme. Gib uns jeden Tag, was wir zum Leben brauchen. Und vergib uns unsere Sünden; auch wir vergeben jedem, der an uns schuldig geworden ist. Und lass uns nicht in Versuchung geraten."
>
> Weiter sagte Jesus zu seinen Jüngern: „Angenommen, einer von euch hat einen Freund. Mitten in der Nacht sucht er ihn auf und sagt zu ihm: ‚Bitte leih mir doch drei Brote! Ein Freund von mir hat auf der Reise bei mir haltgemacht, und ich habe nichts, was ich ihm anbieten könnte.' Und angenommen, der, den er um Brot bittet, ruft dann von drinnen: ‚Lass mich in Ruhe! Die Tür ist schon abgeschlossen, und meine Kinder und ich sind längst im Bett. Ich kann jetzt nicht aufstehen und dir etwas geben.' Ich sage euch: Er wird es schließlich doch tun – wenn nicht deshalb, weil der andere mit ihm befreundet ist, dann doch bestimmt, weil er ihm keine Ruhe lässt. Er wird aufstehen und ihm alles geben, was er braucht.

Darum sage ich euch: Bittet, und es wird euch gegeben; sucht, und ihr werdet finden; klopft an, und es wird euch geöffnet. Denn jeder, der bittet, empfängt, und wer sucht, findet, und wer anklopft, dem wird geöffnet. Ist unter euch ein Vater, der seinem Kind eine Schlange geben würde, wenn es ihn um einen Fisch bittet? Oder einen Skorpion, wenn es ihn um ein Ei bittet? Wenn also ihr, die ihr doch böse seid, das nötige Verständnis habt, um euren Kindern gute Dinge zu geben, wie viel mehr wird dann der Vater im Himmel denen den Heiligen Geist geben, die ihn darum bitten" (11,1–13).

Hier sitze ich mit Blick auf mehrere Viertausender-Gipfel um mich herum und denke mit einer ganz neuen Ehrfurcht über diesen Abschnitt nach, besonders über die Geschichte, um die er sich rankt.

Sie spielt im ersten Jahrhundert in Palästina, wo die Leute jeden Morgen gerade so viel Brot backen, dass es den Tag über reicht. Es taucht also spätabends ein Mann hungrig im Haus seines Freundes auf. Der aber hat kein Brot mehr. Da Gastfreundschaft einen sehr hohen Stellenwert hat, steckt der Hausherr in einer Zwickmühle. Entweder er gibt seinem Freund kein Brot und erweist sich damit als schlechter Gastgeber. Oder aber er versucht, mitten in der Nacht bei jemand anderem Brot aufzutreiben. Er hat die Wahl: Soll er lieber ein schlechter Gastgeber oder ein nerviger Nachbar sein? Nach kurzem Überlegen entscheidet er sich für die zweite Möglichkeit.

Sein Nachbar und dessen Familie schlafen schon. Die Häuser hatten damals nur einen Raum, in dem sich alle gemeinsam zur Ruhe legten. Ich kann es mir lebhaft vorstellen: Kind eins, Kind zwei, Kind drei und Kind vier sind endlich im Bett. Mutter und Vater legen sich so leise wie möglich daneben, wohl wissend, dass das kleinste Geräusch alle aufwecken könnte, vor allem den Kleinen, der eine ganze Stunde gebraucht hat, um überhaupt einzuschlafen.

Nun schlafen also dieser nette Mann und die Seinen tief und fest, als es an der Tür klopft und draußen jemand „Freund" ruft. Eine tolle Begrüßung mitten in der Nacht, wird doch diese „Freundschaft" hier gewaltig auf die Probe gestellt! Ich stelle mir vor, wie der Vater aufwacht und zu dem Zweijährigen hinüberschaut, der gerade die Augen aufschlägt. Wie ärgerlich! Der Vater reagiert so beherrscht wie möglich: „Lass mich in Ruhe! Ich kann jetzt nicht aufstehen und dir etwas geben."

Jesu Kommentar dazu: Der Vater steht vielleicht nicht deshalb auf, weil der Störenfried sein Freund ist (was nun ohnehin fraglich ist!). Er wird aber trotzdem aufstehen, weil sein Kumpel unverschämt frech ist – eine echte Nervensäge!

Das Interessante an Gleichnissen ist: Wir lesen sie und denken: *Einer in diesem Gleichnis bin wohl ich und einer ist Gott.* Also denken die Jünger: *Wir alle sind wie dieser Typ, der draußen an die Tür klopft. Wo aber ist hier Gott? Er ist doch nicht etwa der griesgrämige Typ drinnen im Haus, der ruft: „Lass mich in Ruhe!"?*

Was will uns Lukas 11 über das Gebet sagen? Etwa dies? Wenn Sie etwas von Gott wollen, dann müssen Sie nur hartnäckig genug an die Tür klopfen und ihn standhaft darum bitten. Irgendwann wird er so verärgert sein, dass er aufsteht und etwas für Sie tut. Nicht etwa, weil er Sie liebt, sondern weil Sie ihn zu Tode genervt haben. Sollen wir jetzt so beten?

Ich glaube nicht, dass das die Botschaft dieser Geschichte ist. Der Schlüssel liegt in der Verwegenheit des Mannes. Jesus bettet die Geschichte in den Kontext einer Frage ein. Er stellt sich einen Mann vor, der die Unverschämtheit besitzt, seinen Freund mitten in der Nacht um ein Stück Brot zu bitten. Jesus zeichnet das Bild eines schamlosen Typen, der sich nicht um Förmlichkeiten schert. Kennen Sie solche Menschen? Oder sind Sie vielleicht selbst einer? (Wenn ja, dann wissen Sie es wahrscheinlich nicht!) Dieser Typ in der Geschichte begreift nicht, dass es sich einfach nicht gehört, seinen Nachbarn und dessen ganze Familie ohne gewichtigen Grund mitten in der Nacht aufzuscheuchen. Aber er ist so verwegen, so schamlos, so unverfroren, dass er denkt: *Ich weiß, dass mein Nachbar das hat, was mein Besuch gerade braucht, also bitte ich ihn darum.* Und genau so, sagt Jesus, sollen wir beten.

Beim Lesen dieser Geschichte hier am Berghang geht mir das Wunder des Gebets ganz neu auf. Ich sitze da und habe Gottes Herrlichkeit in der Schöpfung direkt vor Augen. Und ich erkenne, wie ungeheuerlich es ist, wenn ich als einer von sieben Milliarden Menschen auf diesem Planeten zu dem einzig wahren Gott und Schöpfer komme und sage: „Ich weiß, du hast ein ganzes Universum am Laufen zu halten, aber bitte schenk mir jetzt trotzdem dein Ohr. Ich habe ein paar Anliegen und brauche deine Aufmerksamkeit."

Ist das nicht verwegen? Schamlos? Dreist? Und doch sagt Jesus in diesem Gleichnis: „Sei so verwegen, so schamlos, so dreist, wie du willst."

Gott hat Sie und mich dazu aufgefordert, jederzeit mit allem zu ihm zu kommen und ihm (laut dieser Geschichte) besonders Menschen in Not anzubefehlen. Ich hole also mein Tagebuch heraus und schreibe meine Gebete auf, die mir unglaublich wagemutig und schamlos vorkommen.

O Gott, du siehst die Nöte in diesen Dörfern. Du siehst die Nöte im Leben dieser Menschen. Du siehst Kamals eingefallenes Gesicht. Du siehst Sijan und Amir in ihrem Leid. Du siehst Nabins Schmerz. Du siehst diese kleinen Mädchen, die als Sklavinnen verkauft werden. Du weißt, wo jedes von ihnen jetzt ist und was sie in diesem Augenblick für übel gesinnte Männer tun müssen. Du siehst das kleine Mädchen, das versucht hat, mir ins Gesicht zu spucken. Du siehst diese Mönche, die tote Körper auf Scheiterhaufen verbrennen. Du siehst die Menschen, die sterben, zum

Fluss gebracht und angezündet werden. Du siehst,
was geschieht, wenn sie in der Hölle enden! O Gott, du
siehst alle diese Dinge!

Also klopfe ich jetzt an deine Tür und ich flehe dich
an, Herr. Ich flehe dich an um Gnade für sie. Bitte
zeig deine heilende Macht. Bitte schenk Leben im Leid
und Frieden inmitten von furchtbarem Schmerz! Bitte
rette diese kleinen Mädchen und rette oder richte die,
die sie verkaufen und versklaven! Bitte erbarme dich
der Armen und bewahre Menschen vor ewigem Leid!
O Herr, du hast die Kraft und Macht, all das zu tun,
was ich von dir erbitte, ja erflehe!

Im Gebet und Flehen auf halber Strecke hier am Berg falle ich auf meine Knie und erlebe beim Beten eine neue Tiefe und Kühnheit vor Gott. Ich hoffe, dass mein Gebet demütig ist, und glaube, dass es aus so tiefstem Herzen kommt wie schon lange nicht mehr. Ich glaube, was ich bete, und vertraue darauf, dass der Gott, der diese Täler und Berge geschaffen hat, mir zuhört.

Wieder greife ich zu meinem Tagebuch und schreibe:

O Herr, bitte verherrliche dich hier in den Bergen.
Lass deinen Namen in diesen Dörfern und all diesen
Tälern geheiligt werden. So soll ich beten, das hast
du gesagt. Darum bitte ich dich: Erhöre dieses Gebet
um deines Namens willen! Bitte mach deinen Namen
hier groß und herrlich! Lass dein Reich kommen und
deine Gerechtigkeit und Gnade und Rechtschaffenheit
regieren hier auf der Erde so wie im Himmel!

Winzige Lichter

Immer noch auf den Knien wende ich den Blick und sehe, dass Sigs sich zu mir gesellt hat. Er ringt nach Luft, hat aber ein Lächeln auf dem Gesicht. „Dies ist ein guter Rastplatz", sage ich, dankbar für die Zeit, die ich gerade mit Gott verbracht habe. „Hier hast du eine fantastische Aussicht und kannst ein paar Fotos schießen. Gerne überlasse ich dir den Stein." Ich nehme meinen Rucksack, setze ihn auf und verabschiede mich: „Bis gleich am Gipfel."

„Das auf jeden Fall", entgegnet er, immer noch etwas außer Atem, und greift nach seiner Wasserflasche. „Aber vielleicht überhole ich dich sogar schon vorher – lange werde ich mich hier nicht aufhalten."

„Gut", antworte ich. Wir lächeln beide, denn er kennt meinen Ehrgeiz – wenn ich ohnehin schon Vorsprung habe, würde ich ihn auf keinen Fall aufholen lassen!

Damit nehme ich die zweite Hälfte meines Aufstiegs in Angriff. Die Pause hat mich gestärkt und mir neuen Schwung gegeben. Jetzt kann ich immerhin zwanzig Schritte steigen, bevor ich kurz verschnaufen muss. Nach ungefähr einer Stunde habe ich endlich den Gipfel erreicht. Aaron ist schon einige Zeit oben und hat mittlerweile ein Teehaus ausfindig gemacht. Es liegt in einem Dorf, von dem man in mehrere Täler hinabblicken kann.

„Hier übernachten wir", erklärt er. „Besser hätten wir den Zeitpunkt gar nicht treffen können."

„Was meinst du damit?"

„In der einzigen Kirche, die es in diesen Dörfern gibt, findet heute Abend ein Gottesdienst statt und es sieht so aus, als könnten wir daran teilnehmen. Was hältst du davon, die Predigt zu halten?"

„Sehr gerne!"

„Großartig. Aber jetzt stell erst mal dein Gepäck in deinem Zimmer ab und ruh dich ein bisschen aus. In ungefähr einer Stunde gibt es Abendessen. Später, wenn es dunkel ist, kommt die Gemeinde gar nicht weit von hier zusammen."

Ich bin schon so gespannt! Wir haben seit Tagen niemanden getroffen, der von Jesus überhaupt nur gehört hat. Der Gedanke, Leuten zu begegnen, die nicht nur von ihm gehört haben, sondern ihn tatsächlich kennen, begeistert mich.

Ich suche mir ein Zimmer, stelle meinen Rucksack ab, hole meinen Schlafsack heraus und wärme mich ein wenig darin auf. Dann schlage ich meine Bibel auf, um Lukas 11 fertig zu lesen, und überlege, worüber ich am Abend predigen soll. Darüber muss ich wohl eingeschlafen sein, denn irgendwann merke ich, wie Chris mich anstupst. „Aufstehen, Alter! Zeit zum Abendessen."

Wir setzen uns zu Brot und Linsensuppe im Teehaus zusammen. Nach dem Essen fordert Aaron uns auf, nach draußen zu gehen. Es ist jetzt stockdunkel und der Sternenhimmel ist atemberaubend. Aber Aaron hat uns nicht der Himmelslichter wegen ins Freie geführt. Er deutet hinunter in ein Tal, wo wir in der Ferne ein paar winzige leuchtende Punkte erkennen, die zu uns heraufwandern.

„Seht ihr diese Lichter?", fragt er. Wir nicken und er erklärt uns: „Das sind alles Gemeindeglieder. Ihr wisst ja, wie strapaziös der Aufstieg heute war. Diesen Weg nehmen sie auf sich, um den Gottesdienst besuchen zu können."

Ehrfürchtig blicke ich auf die kleinen Lichter, die langsam näher kommen. Ich denke daran, wie anstrengend es manche Leute in unserer Kultur schon finden, wenn sie fünfzehn Minuten oder mehr mit dem Auto zum Gottesdienst fahren müssen. Ein zweistündiger Aufstieg über einen schmalen Bergpfad in klirrender Kälte und nach dem Gottesdienst in völliger Finsternis dasselbe wieder zurück? Unvorstellbar für uns!

Das ist es!

Das Haus, in dem die Gemeinde zusammenkommt, liegt etwa fünf Gehminuten von unserer Unterkunft entfernt. Es trägt den Namen „Hauskirche" absolut zu Recht. Stellen Sie sich in einem westlichen

Land einen Bereich in einem Privathaus vor, nicht größer als ein Schlafzimmer oder vielleicht ein kleines Wohnzimmer. In einer Ecke steht ein Bett (das heißt, eine einfache Holzpritsche mit einer dünnen Matte), an der Wand ein paar Regale und in einer anderen Ecke gibt es eine kleine Kochnische. Eine einzige Glühbirne hängt in der Mitte des Raums von der Decke.

Als wir eintreten, begrüßt uns die Hausfrau mit einem herzlichen Lächeln. Sie weist uns Ehrenplätze zu, entweder auf dem Bett oder direkt daneben. Bald treffen andere ein. Erschüttert stellen wir fest, welch unterschiedliche Menschen diesen Aufstieg auf sich genommen haben, um den Gottesdienst zu besuchen. Sie sind bei Weitem nicht alle jung und gesund. Von Babys bis zu Großeltern ist jede Altersgruppe vertreten.

Einer nach dem anderen drängt herein. Ja, *drängen* ist das richtige Wort. Als alle da sind, zähle ich mehr als fünfzig Personen, die in den unbequemsten Positionen auf dem Boden, auf dem Bett oder auch bei jemandem auf dem Schoß sitzen. So verbringen sie die nächsten zwei Stunden, alle mit einem Lächeln auf den Lippen. Sie singen, klatschen, beten und hören aufmerksam zu, während ich ihnen die Bibel auslege.

Als ich zuvor darüber gebetet habe, was ich dieser Gemeinde Ermutigendes sagen könnte, ging mir durch den Kopf, wie sie zusammengesetzt ist: Männer und Frauen aus schwierigsten Lebensverhältnissen, denen oft das Nötigste fehlt: Nahrung, Wasser und Medizin. Und die dazu noch wegen ihres Glaubens verfolgt werden.

Vor der Versammlung hat der Pastor mir erzählt, er habe im Alter von fünfzehn Jahren beide Eltern verloren. Sie seien keine Christen gewesen. Einige Jahre später habe er das erste Mal das Evangelium gehört, sein Vertrauen auf Jesus gesetzt und sich taufen lassen. Daraufhin sei er von seiner Familie verstoßen worden. Seine Brüder hätten ihm zu verstehen gegeben, dass er kein Recht mehr auf das Erbe habe, das seine Eltern ihm hinterlassen hätten.

Aber dieser Pastor und seine Gemeinde sind überzeugt, dass Jesus diese Opfer wert ist. „Jesus ist mir mehr wert als meine Familie", hat er mir gesagt und Markus 10,29–30 zitiert:

> Jesus erwiderte: „Ich sage euch: Jeder, der um meinetwillen und um des Evangeliums willen Haus, Brüder, Schwestern, Mutter, Vater, Kinder oder Äcker zurücklässt, bekommt alles hundertfach wieder: jetzt, in dieser Zeit, Häuser, Brüder, Schwestern, Mütter, Kinder und Äcker – wenn auch unter Verfolgungen – und in der kommenden Welt das ewige Leben ...“

Vor diesem Hintergrund weiß ich gar nicht so richtig, was ich sagen soll. *Wer bin ich denn, dass ich ihnen etwas mitgeben könnte?*, frage ich mich. Natürlich, ich habe studiert, Bücher geschrieben, war schon Pastor in verschiedenen Kirchen und habe Dienstgruppen geleitet. Aber im Vergleich zu diesen Brüdern und Schwestern weiß ich so wenig davon, was es kostet, Christus nachzufolgen, was es bedeutet, mich auf Christus zu verlassen und ihm zu vertrauen in allem, was ich brauche. Ich weiß so wenig davon, was es heißt, Risiken auf mich zu nehmen, um seine Liebe bekannt zu machen.

Und doch öffne ich im Vertrauen darauf, dass aus Gottes Wort genug Ermutigung kommt, Nehemia 8 und 2. Timotheus 4 und ermutige sie, an Gottes Wort festzuhalten, auch wenn es schwierig ist. Sie nicken, während Nabin für mich übersetzt. Ich hoffe, dass ich ihnen etwas mitgeben konnte.

Am Ende aber werde ich selbst am meisten ermutigt. Nach der Predigt fangen sie an, einander an ihren Nöten Anteil zu geben. Eine ältere Frau in der Ecke erzählt von einem gesundheitlichen Problem und eine Frau auf der anderen Seite bietet an, sich um sie zu kümmern. Ein junger Mann berichtet von jemandem, dem er kürzlich das Evangelium weitergesagt habe und der ihn nun verfolge und drohe, seine Familie dafür büßen zu lassen. Daraufhin erzählt ein älterer Mann, ihm sei das Gleiche passiert, und er bittet den Pastor, ihnen beiden aus seiner eigenen Erfahrung mit Verfolgung Mut zu machen. Nun berichtet ein Ehepaar, wie es einer anderen Familie das Evangelium weitergesagt habe und diese Familie zum Glauben an Jesus gekommen sei. Nun würden sie sogar darüber nachdenken, bei dieser Familie zu Hause in einem nahe gelegenen Dorf eine neue Gemeinde zu gründen.

Während ich beobachte, was in diesem Raum passiert, und den Gesprächen zwischen Brüdern und Schwestern in Gottes Familie lausche, geht mir auf: Das ist es! Das ist es, was diese Dörfer und ihre Bewohner am meisten nötig haben! Sie brauchen unbedingt das Evangelium. Ohne Zweifel: Sie müssen die Gute Nachricht von Gottes Gnade hören, die ihnen ewiges Leben schenkt. Aber das ist nicht alles. Sie brauchen auch Gemeinschaft – die Art von Gemeinschaft, für die sich ein zweistündiger Aufstieg lohnt – nicht nur, um miteinander Gottesdienst zu feiern, sondern um aneinander Anteil zu nehmen und sich gegenseitig aufzubauen. Die Art von Gemeinschaft, die Verantwortung für die leiblichen Nöte der anderen übernimmt. Sie brauchen Brüder und Schwestern, die, wie wir in Markus 10 lesen, als Familie füreinander sorgen und einander lieben wie sich selbst (Lukas 10). Und diese Dörfer brauchen eine Gemeinschaft aus Männern und Frauen, die ein hohes persönliches Risiko eingehen, die großartigste Botschaft der Welt mit Leuten zu teilen, die sie noch nie gehört haben.

Mit anderen Worten: Diese Dörfer und ihre Bewohner brauchen die Kirche. Die Kirche, wie Gott sie gemeint hat. Als Volk, das furchtlos an Gottes Wort festhält, in selbstloser Hingabe von Gottes Liebe erzählt und aus dieser Liebe heraus den Nöten um sie herum begegnet.

Diese Art von Kirche kann die Welt verändern!

Wenn ich es mir recht überlege, dann ist das erstaunlich einfach. Nicht leicht, aber einfach. Diese Gemeinde verfügt über so wenig von dem, was uns in unserer westlichen Kultur dabei in den Sinn kommt. Sie haben kein schönes Gebäude. Sie haben keine tolle

Band. Sie haben keinen charismatischen Prediger. Sie haben keine Programme. Sie haben einfach nur einander, Gottes Wort vor sich und Gottes Geist in ihrer Mitte. Und das reicht offensichtlich.

Ich frage mich, ob uns das reichen würde, ob mir das reichen würde. Würden Sie und ich uns damit zufriedengeben, zu einer Gemeinde zu gehören, deren Glieder einfach nur in Hingabe Gott suchen, einander lieben und die Gute Nachricht von Gottes Liebe mit der Welt um sich herum teilen, ganz egal, wie viel es kostet?

Aber ist das nicht das Wesen der Kirche, so wie Gott sie gemeint hat?

Während ich inmitten dieser Familie von Brüdern und Schwestern hier auf dem Berg sitze, merke ich, wie leicht wir uns in unserer Kirche von Nebensächlichkeiten gefangen nehmen lassen und dabei unsere eigentliche Berufung verfehlen. Mir fällt ein, was ich vor dem Abendessen in Lukas 11 gelesen habe. Dort wirft Jesus den religiösen Führern vor, Gottes Plan für sein Volk zu verfehlen. Ein Vers sticht besonders heraus:

> Aber wehe euch Pharisäern! Ihr gebt den zehnten Teil von Kräutern wie Minze und Raute und von sämtlichen Gemüsesorten und lasst dabei die Forderungen der Gerechtigkeit und der Liebe Gottes außer Acht. Diese solltet ihr erfüllen und das andere nicht unterlassen (Vers 42).

Jesus klagt hier die religiösen Führer an, weil sie so sehr auf Nebensächlichkeiten bedacht sind, einschließlich ihrer Traditionen (die gar nicht schlecht sein müssen), dass sie am wichtigsten Auftrag aus Gottes Wort vorbeileben, nämlich Gottes Liebe und Gerechtigkeit zu verbreiten. Und ich frage mich, ob man kirchlichen Leitern wie mir und der kirchlichen Kultur, zu der Sie und ich gehören, nicht dasselbe vorwerfen könnte. Legen wir in unseren Gemeinden nicht allzu leicht unser Augenmerk auf Nebensächlichkeiten, einschließlich unserer Traditionen (die gar nicht schlecht sein müssen), dass wir am Wesentlichen vorbeileben, nämlich, uns für Gerechtigkeit unter den Unterdrückten einzusetzen und Menschen in Not so zu lieben wie uns selbst?

Im Licht all der drückenden geistlichen und leiblichen Nöte, die mir in den letzten Tagen begegnet sind, sehne ich mich danach, Teil einer solchen Kirche zu sein. Ich möchte zu einer Gemeinschaft gehören, die sich einfach mit Hingabe dem Wesentlichen widmet: sich mitfühlend um Leidende kümmert und den Mut hat, Gottes Liebe unter denen zu verbreiten, die keine Hoffnung haben. Ich möchte zu einem Volk gehören, das furchtlos an Gottes Wort festhält, selbstlos von Gottes Liebe erzählt und aus dieser Liebe heraus den existenziellen Nöten unserer Welt begegnet. Ich möchte Teil einer Kirche sein, wie Gott sie gemeint hat. Diese Art von Kirche kann die Welt verändern.

Während mir dies alles durch den Kopf geht, bittet mich der Pastor, am Schluss der Versammlung für die Gemeinde zu beten. Ich fühle mich natürlich geehrt. Aber ich bin auch voller Demut, weil ich weiß, dass ich in diesem Raum derjenige bin, der am meisten zu lernen hat.

Also bete ich mutig:

Gott, bitte erweise deine Kraft an diesen Brüdern und Schwestern. Ich bete darum, dass du sie versorgst mit allem, was sie brauchen. Ich bete, dass du ihnen hilfst, trotz aller Widrigkeiten an deinem Wort festzuhalten. Ich bete, dass du ihnen hilfst, deine Liebe in den Dörfern hier in den Bergen inmitten von Verfolgung zu verbreiten. Und Gott, ich bete, dass du uns, die wir heute Abend hier zu Gast sind, und unseren Kirchen zu Hause hilfst, mit diesen Brüdern und Schwestern hier gemeinsam Kirche zu sein. Denn dazu hast du uns berufen und geschaffen. In Jesu Namen. Amen.

Zum Nachdenken

- Was sähe in Ihrem Leben anders aus, wenn Sie Menschen in Not so liebten wie sich selbst? Wie rechtfertigen Sie es, Menschen in Not nicht so zu lieben?
- Auf welche Nebensächlichkeiten (die nicht schlecht sein müssen) sind Sie oder ist Ihre Gemeinde so fixiert, dass das Wichtigste aus dem Blick gerät?
- Welche verwegenen Gebete sind Sie bereit zu sprechen?

Tag 5
Krankenschwestern, Lehrer und Forellenkotexperten

Wem viel anvertraut ist ...

Nach der Gemeindeversammlung am Abend zuvor fühle ich mich neu ermutigt und beflügelt. Ich beschließe, dass es nach vier Tagen in denselben Kleidern nun auch Zeit wird, etwas anderes anzuziehen. Bestimmt komme ich mit der neuen Garnitur über die verbleibenden drei Tage. Außerdem hat Aaron uns am gestrigen Abend angekündigt, wir würden heute die meiste Zeit bergab laufen. Weiter unten sei es längst nicht so kalt wie hier oben. Ab und zu würden wir sogar so schwitzen, dass kurze Ärmel angesagt seien.

In meinen neuen Kleidern fühle ich mich frisch für den Tag. Zuerst aber lege ich mich auf meinen Schlafsack und lese Lukas 12. Beim Tagebuchschreiben sprechen mich zwei Gleichnisse ganz besonders an.

> Jesus erzählte den Leuten dazu ein Gleichnis: „Die Felder eines reichen Mannes hatten einen guten Ertrag gebracht. Der Mann überlegte hin und her: ‚Was soll ich tun? Ich weiß ja gar nicht, wohin mit meiner Ernte.' Schließlich sagte er: ‚Ich weiß, was ich mache! Ich reiße meine Scheunen ab und baue größere. Dort kann ich mein ganzes Getreide und alle meine Vorräte unterbringen. Und dann werde ich zu mir selbst sagen: Du hast es geschafft! Du

hast einen großen Vorrat, der für viele Jahre reicht. Gönne dir jetzt Ruhe, iss und trink und genieße das Leben!'

Da sagte Gott zu ihm: ‚Du törichter Mensch! Noch in dieser Nacht wird dein Leben von dir zurückgefordert werden. Wem wird dann das gehören, was du dir angehäuft hast?'"

Jesus schloss, indem er sagte: „So geht es dem, der nur auf seinen Gewinn aus ist und der nicht reich ist in Gott" (12,16–21).

Was für ein krasser Gegensatz zwischen der Welt hier und meiner Welt zu Hause. Um mich herum karges, wenig fruchtbares Land. Die Sorge um das Notwendigste ist ein täglicher Kampf. Niemand baut größere Scheunen, um eine reiche Ernte einzulagern. Niemand hat ein Bankkonto als Puffer für schlechte Zeiten oder eine Rentenversicherung als Altersvorsorge.

In meiner Kultur definieren sich Stabilität und Erfolg tatsächlich durch größere Scheunen. Größere Häuser, um all unseren Besitz unterzubringen. Dickere Bankkonten, um für alle Eventualitäten gerüstet zu sein. So können wir uns entspannt zurücklehnen und genießen, was die Welt zu bieten hat.

Doch Gott bezeichnet einen solchen Lebensstil als Torheit. Wer immer mehr Besitz anhäuft und das Leben voll auskosten will, ist drauf und dran, es zu vergeuden. Wirklich reich ist, wer sich Gott und anderen gegenüber großzügig zeigt. Dieser Lebensstil ist weise.

Darauf sagte der Herr Folgendes: „Woran erkennt man denn einen treuen und klugen Verwalter? Angenommen, ein Herr überträgt einem seiner Diener die Verantwortung, der ganzen Dienerschaft zur gegebenen Zeit das Essen zuzuteilen. Wenn nun sein Herr kommt und ihn bei der Arbeit findet – wie glücklich ist da der Diener zu preisen! Ich sage euch: Der Herr wird ihm die Verantwortung für seinen ganzen Besitz übertragen. Wenn jener Diener sich aber sagt: ‚Mein Herr kommt noch lange nicht!' und anfängt, die Knechte und Mägde zu schlagen, während er selbst schwelgt und prasst und sich volltrinkt, dann wird sein Herr an einem Tag kommen, an dem er ihn nicht erwartet, und zu einem Zeitpunkt, an dem er es nicht vermutet. Er wird den Diener in Stücke hauen lassen und ihm dasselbe Los bereiten wie den Ungläubigen" (12,42–48).

Beim Lesen des letzten Verses bin ich wieder neu überwältigt, wie viel mir gegeben ist. Wie kann ich auch nur ansatzweise den Reichtum ermessen, den Gott mir von Anfang an geschenkt hat? Noch keinen einzigen Tag in meinem Leben habe ich mir über sauberes Wasser oder ausreichende Nahrung Gedanken machen müssen. Ich habe immer genug zum Anziehen und ein Dach über dem Kopf gehabt. Es hat mir nie an Medikamenten gefehlt, wenn ich krank war. Ich hatte die besten Bildungschancen.

Seit ich Geld verdiene, kann ich mir von meinem Einkommen nicht nur das Nötigste leisten, sondern auch noch alle möglichen Wünsche erfüllen. Über all dies hinaus habe ich eine Mutter und einen Vater, eine Familie und Freunde. Schon immer bin ich geliebt und umsorgt worden. Vor allem aber kenne ich das Evangelium und habe, seit ich denken kann, eine Beziehung zu Gott.

Der berühmte Satz „Wem viel gegeben ist" könnte mein Leben nicht treffender beschreiben. Aber er hat auch eine zwingende Fortsetzung: „... von dem wird viel gefordert."

O Gott, was soll ich tun? Was sollen wir als Familie tun? Was immer du von mir willst – ich bin bereit dazu. Und doch weiß ich, noch während ich dieses Gebet spreche, ganz genau, wie leicht ich mich von meinen eigenen Wünschen leiten lasse, meine eigenen Pläne verfolge und tue, wonach mir der Sinn steht. Herr, hilf mir, das zu tun, was du von mir möchtest, mit allem, was du mir gegeben hast.

Der linke Weg

Nach dem Frühstück schultern wir unsere Rucksäcke und wandern hinunter zu einem Dorf, das wir in der Ferne schon sehen können. Es liegt im Bezirk Nujiang. Das Bergabgehen ist zwar nicht so anstrengend für die Muskulatur, belastet aber die Gelenke stärker. Sicher kennen Sie das: Bei jedem Schritt spüren Sie den steigenden Druck auf Knöchel und Knie. Auch die Rutschgefahr ist größer. Selbst ein vermeintlich fester Stein kann manchmal nachgeben, sodass Sie unsanft am Boden landen, ehe Sie wissen, wie Ihnen geschieht.

Nun haben wir eine Weggabelung erreicht. Nabin, der vorausgeht, erklärt uns, dass beide Routen nur 100 oder 150 Meter weiter unten wieder zusammentreffen. „Welcher Weg ist der schnellere?", möchte ich wissen.

„Der linke."

An diesem Punkt schaltet Aaron sich ein, der uns eingeholt und das Ende unserer Unterhaltung mitbekommen hat: „Nabin meint das, aber ich glaube, der rechte ist schneller."

„Aaron hat ja keine Ahnung", widerspricht Nabin schmunzelnd. Mein angeborener Ehrgeiz wittert sofort die Chance auf einen Wettstreit. „Was haltet ihr von einem kleinen Wettrennen?", frage ich. „Nabin und ich nehmen den linken Weg und ihr könnt den rechten nehmen. Dann werden wir ja sehen, wer zuerst da ist."

Aaron und Nabin lächeln und nicken beide zustimmend. Wieder einmal habe ich einen Vorschlag gemacht, ohne ihn bis zum Ende durchzudenken. Als sei der Abstieg nicht ohnehin anstrengend genug, habe ich mich nun auch noch freiwillig bereit erklärt, einen Sprint einzulegen. Ich kenne mich selbst gut genug, um zu wissen, dass ich die gebotene Vorsicht leicht hintanstelle, wenn es um den Sieg geht. Aber nun gibt es kein Zurück mehr.

„Auf die Plätze, fertig, los!", ruft Aaron. Das Rennen beginnt.

Aaron und sein Team schlagen den rechten, Nabin und ich den linken Weg ein. Schnell merke ich, dass Nabin die Strecke kennt wie seine Westentasche. Er weiß genau, wo er hintreten darf und wo nicht. Ich versuche also, ihm jede Bewegung nachzumachen. Je schneller wir werden, desto mulmiger wird mir zumute. Wie sollen wir bei diesem Tempo die Kontrolle behalten?

Die Frage ist berechtigt. Völlig unvermittelt greift Nabin nach einem Ast über sich und bremst damit seine Talfahrt abrupt ab. Erschrocken tue ich es ihm nach, so gut ich kann. Und nun sehe ich auch, warum ein solch plötzlicher Halt notwendig war: Nabin und ich stehen oben auf einem kleinen Felsvorsprung.

Ich erkenne jetzt, warum Nabin diese Route für schneller hält – es gibt nämlich keine andere Möglichkeit, als hinunterzuspringen und den steilen Hang über loses Gestein hinunterzurutschen. Hätte ich das vorher gewusst, hätte ich den Mund nicht so voll genommen und mich lieber Aaron angeschlossen. Nun aber ist es zu spät – und verlieren will ich trotzdem nicht.

„Das geht schon, du wirst sehen", spornt Nabin mich an, der mir meine Sorge offenbar ansieht. „Mach mir einfach alles nach."

Ohne zu zögern, springt Nabin ab und rutscht das Geröllfeld hinunter. Scheinbar mühelos hält er sich auf den Beinen. Ich hinterher. Sagen wir mal: Mühelos hat es bei mir sicher nicht ausgesehen und auf den Beinen habe ich mich auch nicht gehalten. Aber ich habe es geschafft und darauf kommt es an.

„Komm schon!", feuert Nabin mich an. „Gleich sind wir da."

Ich rappele mich auf und hetze ihm hinterher. Nicht dass ich am Ende nur deshalb den Felsen heruntergesprungen bin, um festzustellen, dass wir verloren haben. Gewinnen ist jetzt alles!

Also legen wir uns auf der zweiten Hälfte noch einmal richtig ins Zeug. Jetzt ist der Löwe in mir erwacht! Ich habe den Felsen und das Geröllfeld überwunden. Was sollte mich nun noch erschüttern können? Ehe wir es uns versehen, erreichen wir eine Lichtung. Von den anderen noch keine Spur. „Wir haben es geschafft! Wir haben sie geschlagen!", ruft Nabin und ein breites Lächeln geht über sein Gesicht.

Auch ich muss lachen. Nur wenige Sekunden später sehen wir Aaron und Chris um die Ecke kommen, dicht gefolgt von Sigs.

Erst hier verrät Aaron mir, dass er wegen dieser Felswand grundsätzlich nicht den linken Weg nimmt.

Schönen Dank auch.

Krankenstationen

Wir haben das Dorf von oben zwar schon sehen können, erreichen es aber doch erst nach einer mehrstündigen Wanderung. Gleich beim ersten Haus machen wir halt und Aaron fordert uns auf einzutreten.

„Ich möchte euch Maya vorstellen", sagt er und wir blicken in das Gesicht einer Frau, die wohl Anfang dreißig ist und einen Krankenhauskittel trägt. „Maya ist in der Hauptstadt aufgewachsen. Dort hat sie die Schule abgeschlossen und dann an der Universität Krankenpflege studiert. Jetzt ist sie in dieses Dorf gezogen, um die Menschen medizinisch zu versorgen."

Maya lächelt zurückhaltend.

Aaron erklärt uns, vor Mayas Ankunft habe es im Umkreis von etlichen Kilometern keine medizinische Versorgung gegeben. Wenn jemand hier oder in den umliegenden Dörfern krank geworden sei, habe derjenige eine weite Strecke hinunter in die nächste Stadt zurücklegen müssen, um Hilfe zu bekommen.

„Das bedeutete natürlich, dass die Leute noch fit genug sein mussten, um den Weg zu Fuß zu schaffen", fügt Aaron hinzu. „Anders konnte ihnen nicht geholfen werden."

Als Maya mit dem Studium fertig war, habe Aaron sie gefragt, ob sie bereit sei, in dieses abgelegene Dorf zu ziehen und eine Krankenstation zu betreuen, die er gerade aufbaue. „Maya standen viele Möglichkeiten offen", erklärt Aaron, „und bei jeder anderen hätte sie mehr verdient und ein bequemeres Leben führen können. Aber sie hat sich bewusst dafür entschieden, hier herauf in die Berge zu kommen."

Verlegen sagt Maya: „Ich möchte einfach mit dem, was Gott mir gegeben hat, das tun, was er von mir möchte."

Bei diesen Worten fällt mir mein Gebet von heute Morgen wieder ein. Genau so habe ich auch gebetet: „Gott, bitte hilf mir, das zu tun, was du von mir möchtest, mit allem, was du mir gegeben hast."

Nun aber frage ich mich: *Wäre ich denn tatsächlich hierzu bereit? Wäre ich an Mayas Stelle ganz alleine hier heraufgekommen, hätte Komfort und Karrierechancen geopfert, um den Menschen in diesem abgeschiedenen Dorf zu dienen?* Ich glaube schon, aber ganz sicher bin ich mir nicht.

„Magst du ihnen vielleicht die Station zeigen?", fragt Aaron Maya.

„Sehr gerne", antwortet sie und wir beginnen mit einem kleinen Rundgang. Es gibt nur zwei Räume, einen davon nennt Maya Apotheke. Auf Regalen stehen die verschiedensten Medikamente, die sie und Aaron unter vielen Mühen für ihre Patienten beschafft haben. Darunter gängige Impfstoffe und einfache Heilmittel für häufige Krankheiten. „Wir versuchen unsere Arzneimittelvorräte aufzustocken", erklärt Maya, „denn je mehr Dorfbewohner wir versorgen können, desto mehr Leute kommen auch aus anderen Orten hierher, um Hilfe zu erfahren."

Dann führt Maya uns ins Untersuchungszimmer, wo sie ihre Patienten empfängt. In der Mitte steht ein einfacher kleiner Holztisch, auf den sich ein Patient setzen oder legen kann. Daneben sind ein paar medizinische Instrumente aufgereiht. In einem Schrank bewahrt Maya ihre Patientenakten auf. Während sie über ihre Arbeit spricht, strahlt sie trotz ihres bescheidenen Wesens. Sie freut sich sichtlich darüber, was diese Krankenstation im Leben vieler Menschen schon bewirkt hat – nicht nur in physischer, sondern auch in geistlicher Hinsicht. „Sie haben so viele körperliche Nöte", sagt Maya, „und doch weiß ich, dass ihre größte Not geistlicher Art ist."

Ich nicke immer wieder zustimmend, während ich dieser reizenden Schwester in Christus zusehe und zuhöre. Sie hat die Spannung, mit der ich so gerungen habe – zwischen der Verbreitung des Evangeliums einerseits und sozialem Dienst andererseits – völlig aufgelöst. Maya käme es niemals in den Sinn, das eine vom anderen zu trennen. Sie weiß um die existenziellen physischen Nöte um sie herum und bemüht sich ganz allein tagein, tagaus in diesem Dorf um Heilung körperlicher Gebrechen. Gleichzeitig aber weiß Maya, dass die größte Not eines jeden Menschen viel tiefer reicht als alles, was Medikamente oder Behandlungen jemals bieten könnten. Deshalb gibt sie ihr Leben dafür hin, das Evangelium zu verbreiten, damit immer mehr Menschen im Herzen Heilung erfahren.

Bevor wir wieder aufbrechen, danke ich Maya. Sie hat mir gezeigt, was es heißt, das zu tun, wozu Gott uns berufen hat, und dies mit Lust und Freude. Am Ende stellen wir uns im Kreis um Maya und beten für sie und die Krankenstation.

Dann verabschieden wir uns. Als wir draußen unsere Rucksäcke aufsetzen, wissen wir noch nicht, dass unsere Begegnung mit Maya nur die erste einer ganzen Reihe ähnlicher Begegnungen war. Wir werden an diesem Tag noch mehr Männer und Frauen kennenlernen, deren Beispiel uns herausfordern, überführen, aber auch ermutigen wird.

Mehr als Bildung

In diesem Dorf liegt zwischen dem Fußweg und dem Fluss eine Schule. Sie besteht aus vier rechteckigen Gebäuden mit einem Hof in der Mitte, der den Schülern unterschiedliche Betätigungsmöglichkeiten bietet.

Wir nähern uns der Schule und Aaron bittet uns, unser Gepäck abzustellen. Gleich aus dem ersten Gebäude hören wir Kinderstimmen. Aaron führt uns hinein und lädt uns ein, in ein Klassenzimmer einzutreten.

Dort sitzen ungefähr dreißig Kinder an vier langen Bankreihen. Augenblicklich drehen alle den Kopf in unsere Richtung. Sie flüstern und zeigen auf uns, manche lächeln, andere lachen. Ihre Lehrerinnen – eine einheimische und eine aus einem anderen Land – versuchen die Aufmerksamkeit wieder auf sich zu lenken und bitten die Schüler, uns in ihrer Sprache als Gäste zu begrüßen. Dann schlagen sie den Kindern vor, uns ein Lied vorzusingen, das sie erst kürzlich eingeübt haben. Das lassen sich die Kinder nicht zweimal sagen. Beim Anblick ihrer strahlenden Gesichter und dem Klang ihrer Stimmen, untermalt von Bewegungen, muss ich an meine Frau denken. Heather ist Grundschullehrerin und wäre sicher gerne hier dabei gewesen.

Dann verabschieden wir uns und schauen in den anderen Gebäuden noch in mehreren Klassenzimmern vorbei. Überall erwartet uns eine ähnlich freundliche Begrüßung. Im vierten Gebäude schließlich sind keine Klassenzimmer, sondern ein Schlaftrakt und die Küche untergebracht.

„Schlafen die Kinder hier?", frage ich Nabin.

„Nein, sie kommen jeden Tag zu Fuß aus ihren Dörfern hierher."

„Wer lebt dann hier?", möchte ich wissen.

„Die Lehrerinnen und Lehrer", entgegnet Nabin. „Niemand von ihnen kommt aus diesem Dorf. Die Asiaten unter ihnen haben unten in der Stadt ihre Ausbildung absolviert und sich dann dazu entschlossen, hier heraufzukommen und in dieser Schule zu unterrichten, die wir damals gerade aufbauten."

Beim Zuhören erkenne ich deutlich die Parallelen zu Maya.

„Wie euch sicher aufgefallen ist", fügt Nabin hinzu, „arbeiten hier auch Lehrkräfte aus anderen Ländern. Sie haben natürlich woanders studiert und sind dann hergezogen, um hier zu unterrichten."

Während ich Nabin zuhöre, sehe ich mich ein wenig im Raum um. In zwei getrennten Bereichen stehen Stockbetten für die Lehrerinnen und die Lehrer, in einem weiteren Bereich ist ein Lehrerehepaar untergebracht. Jeder hat seine wenigen Kleider und seine sonstigen Habseligkeiten ordentlich an seinem Stockbett verstaut.

In der kleinen Küche bereiten sie sich ihr Frühstück und Abendessen zu. Mittags versorgen sie auch die Schüler mit. In einem kleinen Außengebäude gegenüber gibt es zwei Grubentoiletten (man könnte auch Plumpsklos sagen) und einen Baderaum.

„Leicht ist das Leben hier nicht", denke ich laut, ohne mir bewusst zu sein, dass jemand in der Nähe ist.

„Sie sind auch nicht hierhergezogen, um ein leichtes Leben zu haben", antwortet Nabin, der meine Worte gehört hat.

Nun gehen wir wieder hinaus in den Hof. Da gerade Pause ist, rennen alle Kinder herum und spielen. Den Lehrkräften hingegen ist keine Ruhe vergönnt. Die Kinder springen um sie herum, auf ihren Rücken oder werfen sich ihnen in die Arme und wollen herumgetragen oder -geschleudert werden. Ich beobachte die Kinder ein wenig, wie sie lächeln, kichern, lachen und spielen, und ich sehe Lehrerinnen und Lehrer, die es für absolut lohnenswert halten, für diese Kinder und ihre Familien solch primitive Lebensbedingungen auf sich zu nehmen.

Aaron kommt auf mich zu und erzählt: „Vor dem Bau der Schule hatten die Kinder buchstäblich nichts. Als sie dann gebaut war, mussten wir erst einmal Lehrkräfte finden. Das war gar nicht so einfach. Aber Gott hat für uns gesorgt. Und jetzt haben diese Kinder zum ersten Mal Zugang zu Bildung."

„Und das Unterrichten ist ja erst der Anfang", fährt Aaron fort. „Die Lehrerinnen und Lehrer lieben ihre Schüler und erreichen damit auch deren Familien. Dabei erfahren sie, was die Dorfgemeinschaft sonst noch dringend braucht, und arbeiten mit der Krankenstation oder anderen Stellen zusammen, um die Not zu lindern. Und im Zentrum von all dem …"

„Lass mich raten", unterbreche ich Aaron, „verlieren sie nie aus dem Blick, was die Leute am nötigsten brauchen, nämlich das Evangelium."

„Langsam begreifst du es." Aaron lacht. „Diese Lehrerinnen und Lehrer sorgen mit Leidenschaft für die leiblichen Bedürfnisse – in diesem Fall Bildung – und die geistlichen Bedürfnisse der Kinder – in jedem Fall das Evangelium. Sie entscheiden sich nicht für eines von beiden, auch wenn die geistliche Seite für sie Vorrang hat. Sie wissen, wie wichtig Bildung ist, weil sie alle möglichen Chancen eröffnet. Aber sie wissen auch: Bildung allein ebnet nicht den Weg zum ewigen Leben."

Forellen und Gemüse

Als die Kinder am Ende der Pause wieder in ihre Klassenzimmer strömen, sagt Aaron: „Ich möchte euch gleich im Teehaus noch jemand anderes vorstellen." Also nehmen wir unsere Rucksäcke und machen uns auf den Weg dorthin.

Am Teehaus angekommen treten wir ein und setzen uns drinnen zu einem späten Mittagessen an den Tisch (oder vielmehr zu einem frühen Abendessen, weil wir heute hier übernachten werden). Wir bestellen das Übliche: Linsensuppe, Brot und (erraten!) Chai-Tee.

Nach einigen Minuten tritt ein kräftiger, bärtiger Weißer ein, den ich auf Anfang sechzig schätze.

„Ben!", ruft Aaron strahlend. Die beiden begrüßen sich mit einem herzlichen Handschlag und klopfen einander freundschaftlich auf den Rücken.

Aaron wendet sich um und stellt uns Ben vor. Dann setzen sich die beiden und erzählen einander das Neueste aus ihrem Leben. Ben berichtet, seine Frau Annie fühle sich hier in der Dorfgemeinschaft sehr wohl. Auch ihren beiden Töchtern, die in den USA studiert haben, gehe es gut. Nach einer Weile wendet Aaron sich uns zu und sagt: „Hört gut zu, was Ben macht. Er und seine Frau sind vor einiger Zeit hierhergezogen und leisten einen ganz außergewöhnlichen Beitrag. Ben, keine falsche Scheu bitte! Erzähl ihnen doch ein bisschen über dich, über Forellenkot und das Evangelium", fordert Aaron ihn auf.

Unsere Neugier ist geweckt!

„Nun ja", beginnt Ben in gedehntem Südstaaten-Englisch, „ich hatte schon zu Hause in den USA immer mit Agrartechnik zu tun. Aber dann hat Aaron mich hierher auf eine Tour mitgenommen und ich habe gesehen, wie dringend diese Dörfer Nahrungsmittel brauchen. Für den Gemüseanbau ist der Boden nicht gut genug. Also habe ich mir überlegt, wie ich ihnen helfen könnte, und mir vorgenommen, noch einmal wiederzukommen und ein kleines Experiment zu starten. Ich habe ein paar Fische in ein Aquarium eingesetzt und es an ein PVC-Schlauchsystem angeschlossen. So kann das Wasser aus dem Tank in eine Anpflanzung fließen und anschließend wieder zurück in das Aquarium. Man nennt das Aquaponik-System."

Wir hören aufmerksam zu – niemand von uns hätte gedacht, dass wir so eine Kuriosität in einem derartig abgelegenen Dorf antreffen würden.

„Es beginnt mit Fischkot", erklärt Ben begeistert. „Die Exkremente der Fische gelangen ins Wasser. Der Kot ist reich an Nitrat, einer Stickstoffverbindung, die die Pflanzen besser wachsen lässt. Im Grunde genommen wird aus dem Fischkot Pflanzennahrung. Und beim Aufnehmen dieser Nahrung reinigen die Pflanzen das Wasser für die Fische. Es wird also gereinigt wieder zurück ins Aquarium geleitet. Auf diese Weise helfen die Fische und die Pflanzen sich gegenseitig beim Wachstum und wir können dabei laufend Gemüse und andere Nahrungsmittel produzieren."

„Hey, das ist ja toll. Wie kreativ!", meint Sigs.

„Das Experiment hat schon beim ersten Mal ganz gut funktioniert, aber wir mussten noch ein wenig nachbessern. Also bin ich ein drittes Mal hergekommen, diesmal mit meiner Frau, und wir haben versucht, das System mit Sonnenenergie zu versorgen. Nachdem wir es zum Laufen gebracht hatten, hörten wir, dass sich Bambus als Material für die Wasserrohre eignen würde. Der Ertrag war ganz erstaunlich, auch wenn wir das Ganze zunächst nur in kleinem Rahmen praktiziert haben. Aber offensichtlich hat selbst das im Leben der Menschen in diesen Dörfern schon viel bewirkt."

„Ihr glaubt ja gar nicht, was dann passiert ist!", ruft Aaron dazwischen.

„Dann hatten meine Frau und ich den Eindruck, dass Gott uns hierherrufen würde", schließt Ben seinen Bericht. „Immerhin hat er mich dazu befähigt, solche Systeme zu bauen. Uns wurde deutlich, dass es den Leuten, die nicht genug zu essen haben, wesentlich besser gehen könnte, wenn ich nur meine gottgegebenen Fähigkeiten nutzte. Da haben wir nicht mehr lange überlegt."

Einzigartige Gaben

Während ich Bens Bericht lausche, fällt mir Lukas 12,48 ein: „Wem viel gegeben wurde, von dem wird viel gefordert."

Die anderen am Tisch beginnen Ben mit Fragen über Aquaponik zu bestürmen. Meine Gedanken aber schweifen schon nach den ersten Sätzen ab, so fasziniert bin ich von Bens Beispiel.

Ich denke über mein eigenes Leben nach. Von Agrartechnik verstehe ich definitiv nichts und könnte nie das tun, was Ben hier macht. Meine Frau kann ein Lied davon singen, dass ich für jegliche Aktivitäten im Freien völlig unbrauchbar bin: sei es Angeln, Jagen, Gartenarbeit, seien es Reparaturen am Haus – buchstäblich alles, was draußen stattfindet. Aber das ist es gerade, was mich an Bens Bericht so begeistert. Er und ich, wir sind völlig unterschiedlich in puncto Ausbildung, Erfahrung, Begabungen und Leidenschaften, aber wir haben jeder eine ganz einzigartige Aufgabe. Beide können wir mit dem, was Gott uns gegeben hat, seine Liebe verbreiten und der Welt das geben, was sie so nötig braucht.

Und *einzigartig* ist genau das richtige Wort. Hier sitze ich, der ich nach jahrelangem Studium am theologischen Seminar viel Erfahrung als Pastor und Leiter gesammelt habe. Beides möchte ich zu Gottes Ehre in der Welt einsetzen. Aber in diesem Augenblick sehe ich diesen Bruder in Christus vor mir, der meines Wissens nicht Theologie studiert oder Gemeinden geleitet hat. Und doch tut er hier unter diesen Leuten solch einen fruchtbaren Dienst, den ich niemals tun könnte.

Um noch einen Schritt weiterzugehen: Es wäre für mich beinahe unmöglich, mit meinen Abschlüssen auch nur ein Visum zu bekommen, um hier zu leben.

Regierungen in Ländern, die vom Evangelium noch nicht erreicht sind, sperren Pastoren und Missionare systematisch aus. Aber Leute wie Ben werden wegen ihrer Fähigkeiten und der Hilfe, die sie hier leisten, mit offenen Armen empfangen.

Ich erinnere mich an einen anderen Mann, den ich kürzlich auf einem Flug kennengelernt habe. Er hat mich aus meinen Video-Bibelarbeiten erkannt und fing ein Gespräch mit mir an. Hugh kommt aus Demopolis, Alabama (eine echte Kleinstadt, ich sag nur: *Sweet Home Alabama*). Auf meine Frage nach seinem Reiseziel meinte er, er sei für sein Holzunternehmen nach Mexiko unterwegs. Ich wollte wissen, ob seine Firma schon in andere Länder expandiert sei. Da erzählte er mir, sie seien schon in Ostasien und Südostasien angesiedelt und wollten ihre Tätigkeit nun auch in den Nahen Osten ausweiten.

Wenn ich an unser Gespräch zurückdenke, frage ich mich, ob es Hugh jemals in den Sinn gekommen ist, dass Gott diese Türen vielleicht nicht nur dazu öffnet, damit er seine Holzgeschäfte ausweiten, sondern auch durch sein Leben das Evangelium verbreiten kann.

Da fällt mir noch ein anderer Mann ein, dessen Geschichte mich verblüffend an Bens erinnert (in beiden geht es um Exkremente!). Dieser Mann produziert und verkauft Pferdeeinstreu, ebenfalls in Alabama. Er ist deshalb so erfolgreich, weil es im Norden von Alabama eine Baumart gibt, dessen Holz Pferdeurin besonders gut aufnehmen kann und das sich deshalb zur Herstellung von Einstreu geradezu anbietet. Eines Tages saß ich mit diesem Mann und anderen Unternehmern in einem Meeting. Sie sondierten Expansionsmöglichkeiten in den Nahen Osten, um auf diesem Weg auch das Evangelium dorthin zu bringen. Wir gingen eine Liste potenzieller Branchen durch und stießen dabei auch auf Einstreu. Da bekam dieser Mann leuchtende Augen. Er sah eine Chance, mit seinem Einstreu-Geschäft Jesu Sache im Nahen Osten voranzutreiben. Ich musste damals lachen bei dem Gedanken, wie kreativ Gott ist – wie er in seiner Souveränität einen Baum im Norden von Alabama hat wachsen lassen, dessen Holz einzigartig gut Pferdeurin aufsaugt, um damit das Evangelium in den Nahen Osten zu bringen.

Mir kommen noch mehr Beispiele in den Sinn. Ich denke an Freunde, die nach Nordafrika gezogen sind und dort ein florierendes Teppichunternehmen betreiben. Sie reisen in Dörfer, kaufen dort antike nordafrikanische Teppiche auf und lassen sie gegen Bezahlung reparieren und reinigen. So unterstützen sie die Menschen in diesen Dörfern finanziell und nutzen dabei die Gelegenheit, ihnen vom Evangelium zu erzählen.

Wenn ich all diese Puzzleteile zusammensetze, frage ich mich unwillkürlich, ob Gott nicht die Globalisierung der Märkte dazu gedacht hat, das Evangelium in der Welt zu verbreiten. Und ich glaube fest daran, dass Gott Menschen mit ganz individuellen Fähigkeiten beschenkt – Ausbildung und Erfahrung, Begabungen und Leidenschaften –, die in unvorstellbarer Weise genutzt werden können.

Wie wäre es, wenn wir als Christen so denken würden? Wenn wir alle so denken würden wie Ben? Wie wäre es, wenn jeder Einzelne von uns sich fragte, welchen einzigartigen Beitrag er dazu leisten könnte, das Evangelium an Orte zu bringen, die noch nicht davon erreicht sind?

Salz und Licht

An diesem Punkt mischt Sigs sich ein. „Wenn ich Ihnen so zuhöre, Ben, frage ich mich, wie ich meine Leidenschaft fürs Fotografieren nutzen könnte, um das Evangelium in die Welt zu bringen."

„Wenn Fischkot sich schon dazu eignet, dann Fotografieren doch bestimmt auch", entgegnet Ben lachend.

Aaron springt auf. „Stellt euch vor, was passieren könnte, wenn Nachfolger Christi Gelegenheiten wie diese beim Schopf packen würden."

Seine Begeisterung führt zu einem lebhaften Austausch über verschiedene Möglichkeiten, wie Christen sich einbringen können. Wir reden über Schüler oder Studenten, die gerne eine Zeit lang im Ausland zur Schule gehen oder studieren möchten, sei es auf eigene Kosten oder mit Stipendium. Wie wäre es, wenn diese jungen Leute sich dabei Länder aussuchten, wo das Evangelium noch wenig verbreitet ist? Ich erzähle von einem Artikel, den ich gelesen habe. Es ging darin um Colleges und Universitäten in Übersee, die amerikanischen Studenten ein Vollstipendium für einen englischsprachigen Studiengang anbieten.

Chris meint: „Stellt euch vor, was es bewirken könnte, wenn junge Leute bei der Wahl des Studienortes nicht in erster Linie danach fragen würden, wo ihr Lieblings-Football-Team spielt, wie attraktiv eine Stadt oder wie bequem das Leben dort ist, sondern eher danach, wo sie Menschen das Evangelium bringen könnten, die es noch nicht kennen."

Dann erzählt Sigs von ein paar Schülern, die sich überlegen, die Schule abzubrechen und sich für Gerechtigkeit in der Welt einzusetzen. Viele aber übersehen dabei, welche Fülle an Möglichkeiten es gibt, ein Studium zu absolvieren und sich gleichzeitig für Gerechtigkeit zu engagieren. „Immerhin haben wir vorhin Lehrerinnen und Lehrer kennengelernt", fügt Sigs hinzu, „die alles in diese Kinder investieren. Keiner davon hat seine Ausbildung abgebrochen. Ganz im Gegenteil: Sie haben sie mit Auszeichnung abgeschlossen."

„Ich kenne eine junge diplomierte Krankenschwester", fährt er fort, „die nach einer Stelle in Übersee gesucht hat. Das hat sie in den Nahen Osten geführt, wo sie in einer großen Stadt in einem namhaften Krankenhaus arbeitet. Heute ist sie dort Pflegedienstleiterin und lädt regelmäßig in ihr Büro zu einem Bibelkreis ein. Niemand hält sie auf, weil sie eine so gute Krankenschwester ist."

Bei dieser Geschichte frage ich mich, was passieren würde, wenn sich Studenten mehr um gute Abschlüsse bemühten. Dann wären sie als Fachkräfte gefragt und es würden sich für sie Türen in Länder öffnen, die vom Evangelium noch nicht erreicht sind.

„Es geht aber nicht nur um Studenten oder Berufstätige", wendet Ben ein. „Ich bin jetzt über sechzig und denke langsam an den Ruhestand. Da überlege ich, wie ich als Amerikaner mein Geld nicht nur zum Golfspielen in Florida, sondern zur Verbreitung des Evangeliums in andere Länder einsetzen kann."

Ich erzähle von einem Land in Südostasien, das Amerikanern oder Europäern finanzielle Anreize bietet, dort ihr Ruhestandsdomizil aufzuschlagen. In diesem Land haben Millionen das Evangelium noch nie gehört. „Was könnte passieren", frage ich, „wenn Christen – vielleicht sogar eine Gruppe aus derselben Gemeinde – sich in diesem Land niederlassen würden, nicht nur, um zusammen ihren Ruhestand zu genießen, sondern auch, um Jesus zu den Verlorenen zu bringen?"

Bens Beispiel hat ganz offensichtlich unseren Blick für die vielen Möglichkeiten geweitet, in den „entferntesten Winkeln der Erde" (Psalm 65,6 Hfa) Salz und Licht zu sein. Ich frage mich, was geschehen würde, wenn mehr Bens einschließlich Sie und ich Lukas 12,48 ernst nähmen.

Der eigentliche Schatz

Nach dem Essen führt Ben uns zur Forellenfarm. Dort lernen wir seine Frau Annie kennen und die beiden zeigen uns, wie alles funktioniert. Forellenkot ist nämlich weit faszinierender, als man im ersten Moment meinen könnte.

Dann gehen wir wieder zum Teehaus zurück, wo sich auch Maya und die Lehrer von der Schule zum Beten zu uns gesellen. Aaron bittet mich, der Gruppe ein Bibelwort auszulegen. Also schlage ich Lukas 12 auf, die Stelle, mit der ich mich schon am Morgen beschäftigt habe. Ich lese folgende Worte Jesu laut vor:

> „Du brauchst dich nicht zu fürchten, kleine Herde! Denn euer Vater hat beschlossen, euch sein Reich zu geben. Verkauft euren Besitz und gebt das Geld den Armen! Schafft euch Geldbeutel an, die nicht löchrig werden und legt euch einen unerschöpflichen Reichtum im Himmel an, wo kein Dieb ihn findet und keine Motten ihn fressen. Denn wo euer Reichtum ist, da wird auch euer Herz sein" (32–34).

Ich weise darauf hin, dass Jesus seine Jünger hier nicht auffordert, auf jeden Schatz zu verzichten. Stattdessen ermutigt er sie, nach dem eigentlichen Schatz in ihrem Leben zu suchen – nach dem, der ewig Bestand hat. Er ermahnt sie, für diesen unvergänglichen Schatz zu leben, den sie nie verlieren können, und nicht für kurzlebige Reichtümer, die sie nicht behalten können.

Die Welt denkt und arbeitet jedoch völlig anders. Wir wollen die Befriedigung unserer Wünsche, und zwar sofort. Wir wollen das Beste aus unserem Leben machen, und zwar sofort. Manchmal vermarkten wir sogar das Christentum so, als sei es der Schlüssel zu einem optimalen Leben hier und heute. Aber es sieht so aus, als ginge es in Jesu Botschaft mehr um das beste Leben später. Und für immer. Jesus fordert seine Jünger tatsächlich dazu auf, sich jetzt in dieser Welt von ihrem Besitz zu trennen und ihn den Notleidenden zu geben. Denn dies führe zu ewiger Freude in einem himmlischen Königreich, die schon heute beginnen kann.

Liegt in diesen Worten Jesu nicht ein Hauch von selbstsüchtiger Motivation? Wenn man darüber nachdenkt, ist dieser Abschnitt eigentlich kein Aufruf zur Opferbereitschaft, sondern eher ein Aufruf, in das zu investieren, was uns wirkliche Zufriedenheit und Erfüllung bringt. Jesus ermutigt seine Nachfolger, schon heute so viel wie möglich vom unvergänglichen Schatz anzuhäufen.

Dies, so sage ich der Gruppe, sei das Bild, das ich in ihrem Leben verwirklicht sehe. Sie alle haben das getan. Sie haben auf weltliche Freuden unterschiedlichster Art verzichtet, um hier zu leben und zu arbeiten. Sie haben alle möglichen Besitztümer verkauft und verschenkt. Sie haben verschiedenste Annehmlichkeiten aufgegeben. Eines aber ist klar: Sie leben für einen Schatz. Den eigentlichen Schatz. Den Schatz, der auf ewig Bestand hat, aber nicht erst in der Ewigkeit seine Schönheit entfaltet.

Ich halte inne und blicke in die Runde. Dabei fällt mir das Gebet ein, das ich zu Beginn des Tages aufgeschrieben habe:

O Gott, hilf mir, das zu tun, was du von mir möchtest, mit allem, was du mir gegeben hast.

Jetzt am Ende des Tages sehe ich einen Kreis von Männern und Frauen zwischen zwanzig und sechzig um mich versammelt, die mit all dem, was Gott ihnen gegeben hat, das tun, wozu sie berufen sind. So ermutige ich sie einfach: „Ihr, die ihr in der Krankenstation arbeitet, diese Kinder unterrichtet, das Aquaponik-System betreut und den Menschen um euch herum das Evangelium bringt, ihr mögt euch vielleicht manchmal fragen, ob der Preis nicht zu hoch ist. Ihr mögt euch manchmal fragen, ob es die Opfer, die ihr bringt, und die Herausforderungen, die ihr ertragt, wert sind. Ich möchte euch einfach daran erinnern, direkt aus dem Mund Jesu: Sie sind es wert. Ihr lebt für das, was bleibt. Und es gibt nichts in dieser Welt, das sich auch nur annähernd mit dem Schatz vergleichen lässt, den ihr sammelt – nicht nur für euch selbst, sondern für die Männer, Frauen und Kinder überall hier in den Bergen."

Während ich diese Worte ausspreche, fallen sie zurück in mein eigenes Herz. Denn ich möchte für einen Schatz wie diesen leben. Ich möchte tatsächlich alle meine Gaben einsetzen und damit das tun, wozu Jesus mich berufen hat.

Dann schließe ich mit einem Gebet und wir sagen einander Gute Nacht. Ich kann es gar nicht erwarten, in meine Kammer zu kommen. Dort packe ich meine Sachen aus, nehme mein Tagebuch und schreibe:

O Gott, ich möchte die Gaben, die du mir gegeben hast, für die Verbreitung deines Evangeliums in der Welt einsetzen. Ich möchte all das nutzen, was du mir anvertraut hast, um unvergängliche Schätze zu sammeln.

Was soll ich also tun? Möchtest du, dass ich in eine Gegend wie diese ziehe? Berufst du mich dazu, mein Leben für diese Menschen einzusetzen, Jünger zu gewinnen und Pastoren auszubilden? In gewisser Hinsicht scheint es gar keine Frage zu sein: Zieh hierher! Hier ist das Evangelium noch so wenig bekannt, es gibt nur so wenige Kirchen, so wenige Pastoren und so viel Not. So viele Gelegenheiten,

ewige Schätze zu sammeln! Warum sollte ich nicht
hierherkommen? Der einzige Grund, der für mich
dagegensprächе, wäre, wenn ich von zu Hause
aus hier mehr ausrichten könnte, als wenn ich
tatsächlich hier lebte.

O Gott, bitte führe und leite mich – und Heather und
die Kinder – durch deinen Geist nach deinem Willen.
Ich möchte alles tun, wozu du mich berufst, mit allem,
was du mir dazu geschenkt hast. Jesus, ich möchte für
einen wahren, bleibenden, unvergänglichen und auf ewig
Erfüllung schenkenden Schatz leben! Amen.

Zum Nachdenken

- „Wem viel gegeben wurde, von dem wird viel gefordert, und wem viel anvertraut wurde, von dem wird umso mehr verlangt" (Lukas 12,48). Was kommt Ihnen persönlich in den Sinn, wenn Sie diesen Vers lesen?
- Lassen Sie Ihrer Kreativität einmal freien Lauf: Welche Möglichkeiten sehen Sie im Moment in Ihrem Umfeld, Ihre gottgegebenen, einzigartigen Gaben einzusetzen, um Not zu wenden und die Hoffnung des Evangeliums zu verbreiten? Wie könnten Sie dieselben Gaben möglicherweise auch fern von Ihrer Heimat einsetzen?

Wie ein König, der in den Krieg ziehen will

Eine höhere Liebe

Als ich heute Morgen aufwache, fühle ich mich unangenehm ver-spannt. Zu einem guten Teil liegt das natürlich an der anstrengen-den Tour. Aber dazu kommt, dass ich am Abend mit der Frage schlafen gegangen bin, ob Gott mich ruft, in dieses Land zu ziehen und ihm hier zu dienen.

So überschlagen sich nach einer unruhigen Nacht an diesem Mor-gen die Gedanken in meinem Kopf. Was würde das wohl bedeuten? Es geht dabei schließlich nicht nur um mich. Sicher wird Heather mich mit Fragen bestürmen, wenn ich ihr eröffne, dass ich ernsthaft überlege, ob Gott uns hierherführt. Was würde das für meine Frau, meine Kinder und unsere Zukunft heißen?

Ich muss dazu das Wort Gottes hören und schlage in meiner Bibel Lukas 13–14 auf. Meine morgendliche Bibellese endet mit diesen Worten:

> Scharen von Menschen begleiteten Jesus, als er weiter-zog. Da wandte er sich zu ihnen um und sagte: „Wenn jemand zu mir kommen will, muss er alles andere zu-rückstellen – Vater und Mutter, Frau und Kinder, Brüder und Schwestern, ja sogar sein eigenes Leben; sonst kann er nicht mein Jünger sein. Wer nicht sein Kreuz trägt und

mir auf meinem Weg folgt, der kann nicht mein Jünger sein.

Angenommen, jemand von euch möchte ein Haus bauen. Setzt er sich da nicht zuerst hin und überschlägt die Kosten? Er muss doch wissen, ob seine Mittel reichen, um das Vorhaben auszuführen. Sonst kann er, nachdem er das Fundament gelegt hat, den Bau vielleicht nicht vollenden, und alle, die das sehen, werden ihn verspotten und sagen: ‚Seht euch das an! Dieser Mensch hat angefangen zu bauen und war nicht imstande, es zu Ende zu führen.'

Oder nehmen wir an, ein König macht sich auf, um gegen einen anderen König in den Krieg zu ziehen. Wird er sich da nicht zuerst hinsetzen und überlegen, ob er in der Lage ist, sich mit seinem Heer von zehntausend Mann einem Feind entgegenzustellen, der mit zwanzigtausend gegen ihn anrückt? Wenn er sich nicht für stark genug hält, wird er, solange der andere noch weit weg ist, eine Abordnung zu ihm schicken, um Friedensbedingungen auszuhandeln. Darum kann auch keiner von euch mein Jünger sein, wenn er sich nicht von allem trennt, was er hat.

Salz ist etwas Gutes. Wenn jedoch das Salz seine Kraft verliert, womit soll man sie ihm wiedergeben? Es ist dann nicht einmal mehr als Dünger für den Acker geeignet; man kann es nur noch wegwerfen. Wer Ohren hat und hören kann, der höre!" (Lukas 14,35–35).

Ich habe über diese Stelle schon öfter gepredigt und geschrieben. Aber während ich hier sitze und darüber nachdenke, dass Nachfolge Jesu für meine Familie bedeuten könnte, in den Himalaja zu ziehen, bekommen die Worte eine ganz andere Tragweite. Mir fällt eines meiner Lieblingszitate zu diesem Abschnitt von Pastor und Autor John Stott ein. Er schrieb:

Die christliche Landschaft ist voller Bauruinen – Ruinen jener Menschen, die bauen wollten, es aber nicht zu Ende bringen konnten. Allzu viele Menschen ignorieren die Warnung von Jesus und verpflichten sich zur Nachfolge, ohne zuerst innezuhalten, um die Kosten des Vorhabens durchzurechnen. Das Ergebnis ist der Skandal des sogenannten „Namenschristentums". In Ländern, in denen sich die christliche Zivilisation ausgebreitet hat, hat sich eine Vielzahl von Menschen eine respektable, indes aber auch dünne Fassade des Christseins zugelegt. Sie gestatten es sich selbst, ein bisschen mitzumischen, genug, um respektabel zu erscheinen, aber nicht genug, um unbequem zu sein. Ihr Glaube ist ein großes, sanftes Polster. Er schützt sie vor den Unannehmlichkeiten des Lebens und verändert dabei, wenn es sein muss, um der Bequemlichkeit willen Ort und Gestalt. Kein Wunder, dass sich Zyniker über Heuchler in der Kirche beklagen und Glaube als Wirklichkeitsflucht diskreditieren.[2]

Lukas 14 erinnert mich daran, wie leicht ich mir meine Religion zurechtlegen kann, wie es mir passt. Will ich Jesus tatsächlich nachfolgen, ganz gleich, wie und wohin er mich führt, ganz gleich, was es für mich oder meine Familie bedeutet? Jesus sagt, ihm nachzufolgen erfordere eine Liebe zu ihm, die so stark sei, dass sogar die Liebe zu unserer eigenen Familie im Vergleich dazu wie Hass aussehe.

Mir kommt der Prediger John Bunyan aus dem 17. Jahrhundert in den Sinn. Die Behörden drohten, ihn ins Gefängnis zu werfen, wenn er nicht aufhörte zu predigen. Bunyan war klar: Wenn er ins Gefängnis käme, blieben seine Frau und seine Kinder (von denen eines blind war) mittellos zurück. Selbst als er noch ein freier Mann war, hatte es der Familie oft an Nahrung und Kleidung gefehlt. Würde er inhaftiert, würden die Seinen in völlige Armut fallen. Und doch hatte Jesus ihn dazu berufen, das Evangelium zu predigen.

Deshalb konnte er nicht schweigen. Daraufhin kam er tatsächlich ins Gefängnis und schrieb aus seiner Zelle Folgendes:

> Die Trennung von meinem Weib und meinen Kindern ist mir oft so gewesen, als würde mein Fleisch von meinen Knochen gerissen; und das nicht nur, weil ich etwa zu viel Gefallen an diesen großen Gnadengaben Gottes gehabt hätte, sondern auch, weil ich oft genug die vielen Schwierigkeiten, die Erbarmungswürdigkeit und Hilfsbedürftigkeit mir vor Augen hielt, denen meine Familie ausgesetzt wäre, wenn ich von ihnen genommen würde; zuvörderst mein armes blindes Kind, das meinem Herzen näherstand als alle, die ich außerdem hatte: O die Gedanken an die Belastungen, unter denen ich mein blindes Kind untergehen zu sehen meinte, konnten mein Herz in Stücke reißen! … Doch als ich mich fasste, dachte ich daran, dass ich euch alle dem Wagnis mit Gott aussetzen müsse, obschon es damit schnell gehen kann, euch allein zu lassen. O ich sah in dieser Lage, dass ich einem Manne glich, der sein Haus direkt auf das Haupt von Weib und Kind niederbrechen lässt. Doch, dachte ich, muss ich es tun, muss es tun![3]

Als sei diese höhere Liebe noch nicht genug, fordert Jesus von seinen Nachfolgern nicht weniger als ihr ganzes Leben. Hingabe zu Jesus bedeutet Selbstverleugnung und Tod den eigenen Gedanken, Wünschen, Plänen und Träumen. Jesus sagt, Nachfolge bedeute, das ganze Leben für ihn einzusetzen.

So schreibe ich:

Jesus, du bist mein ganzes Leben. Was immer du von mir willst, das will ich tun. Auch hierherziehen. Was würde das für mich und meine Familie bedeuten?

Bitte hilf mir, die Kosten zu überschlagen. O Gott, ich will auf alles in dieser Welt verzichten, worauf ich verzichten soll. Ich möchte mir meinen Glauben nicht nach Belieben zurechtbiegen! Bitte lenke meine Schritte und schütze mich auf meinem Weg vor mir selbst. Bitte leite mich durch deinen Geist, wie du willst!

Geistlicher Kampf

Nachdem ich meine Sachen zusammengepackt habe, mache ich mich auf zum Teehaus, wo ich neben Chris und Nabin Platz nehme. Aaron und Sigs sitzen uns gegenüber. Beim Frühstücken fragt mich Chris, wie weit ich an diesem Morgen in meiner Bibellese gekommen sei. Ich teile meine Gedanken über den Schluss von Lukas 14 mit ihnen: wie wichtig es ist, die Kosten der Nachfolge Christi in dieser Welt zu überschlagen wie ein Bauherr, der ein Haus plant, oder wie ein König, der in den Krieg ziehen will.

Dann frage ich Aaron: „Wie war das eigentlich bei dir, als du dich entschlossen hast, dein Leben im Dienst unter so schwierigen Rahmenbedingungen einzusetzen? Wie hast du da die Kosten überschlagen? Wie hast du abgewogen, was die Arbeit hier von dir fordern würde?"

„Das ist eine gute Frage", entgegnet Aaron. „Wir wussten, dass die Arbeit in einer so abgelegenen Bergregion schon allein körperlich sehr anstrengend werden würde. Dann aber merkten wir sehr bald, dass die körperlichen Herausforderungen im Vergleich zu den geistlichen noch gar nichts sind."

„Wie wurde dir das klar?", fragt Chris.

„Na ja, als wir neu in diese Dörfer kamen und anfingen, vom Evangelium zu erzählen, wurde uns unmissverständlich gesagt, wir sollten verschwinden und uns hier nie mehr blicken lassen. Ein paar

Leute drohten sogar, uns umzubringen, wenn wir es wagten zurückzukommen."

„Warum?", möchte Sigs wissen.

„Hier gibt es die tief sitzende Überzeugung, dass man verschiedene Götter oder Geister besänftigen muss, damit es einem gut geht. Und wenn irgendjemand die gewohnheitsmäßige Verehrung dieser Götter oder Geister durcheinanderbringt, könnte einem Dorf Böses widerfahren. Als die Leute herausfanden, dass wir Jesus nachfolgten, meinten sie, wir würden einen fremden, feindlichen Gott hereinbringen, der ihre Götter zum Zorn reizte. Also wollten sie uns hier nicht haben."

„Das ist beängstigend", meint Chris.

„Und weißt du", fährt Aaron fort, „in gewisser Weise hatten sie damit ja recht. Wenn man bedenkt, was die Bibel über den geistlichen Kampf sagt, gibt es zweifellos einen falschen Gott namens Satan, der seit Jahrhunderten die Gedanken und Herzen dieser Menschen hier täuscht. Er verhindert seit Generationen, dass Jesus hier als der eine wahre Gott verkündigt wird, und wird auch in Zukunft alles tun, damit das so bleibt."

Aaron hält inne, als läge ihm etwas auf der Zunge, das er nicht gerne erzählen will. Ich sehe ihm an, dass er etwas auf dem Herzen hat, und frage ihn: „Hast du da ganz praktische Erfahrungen gemacht?"

Er holt tief Luft und sagt: „Ich will euch eine Geschichte erzählen, die ich vermutlich selbst nicht glauben könnte, wenn ich sie nicht selbst erlebt hätte. Aber sie wird euch deutlich machen, welcher geistliche Kampf sich hier abspielt."

„Okay. Wir sind ganz Ohr."

„Eines Tages", beginnt Aaron, „wanderte ich durch ein nahe gelegenes Dorf. Ich war noch nicht lange hier und noch nie zuvor in diesem Dorf gewesen. Auf einmal rannte eine Frau, vielleicht Mitte dreißig, an mir vorbei. Ich erschrak fürchterlich, weil sie völlig von Sinnen zu sein schien. Irgendetwas stimmte nicht mit ihr. Sie rannte weiter und ich verlor sie aus dem Blick."

„Nach ein paar Minuten", fährt Aaron fort, „führte mein Weg direkt an dem Haus vorbei, wo die Frau offensichtlich wohnte. Als ich näher kam, sah ich diese Frau aus ihrer Haustür stürmen. Sie hatte den Gesichtsausdruck einer Wahnsinnigen und hielt eine Flasche in der Hand. Später erfuhr ich, dass darin Insekten-vernichtungsmittel war. Dann blieb sie vor ihrer Haustür stehen, starrte mich an und begann gellend zu schreien. Auch ich blieb völlig verunsichert stehen, um zu sehen, worauf das hinauslaufen würde.

Da brüllte die Frau im Dialekt der Einheimischen, als sei sie von Dämonen besessen: ‚So begrüßen wir dich in unseren Dörfern.' Und sie nahm die Flasche, die sie in der Hand hielt, und fing an zu trinken. Ich wusste nicht, was drin war, bekam aber sofort Angst, als ihr Mann mit den Kindern aus dem Haus gestürmt kam und sie alle schrien: ‚Nein! Nein! Nein!' Aber da hatte sie schon fast die ganze Flasche leer getrunken. Nun fing sie an zu krampfen und nach Luft zu ringen. Der Ehemann rief um Hilfe, deshalb ließ ich mein Gepäck fallen und rannte zu ihnen. Die Frau schien das Bewusstsein zu verlieren und bald schon atmete sie nicht mehr. Ich versuchte noch, sie wiederzubeleben, aber das war ein vergebliches Mühen. Nach wenigen Minuten war sie tot."

Schweigend saßen wir am Frühstückstisch und versuchten uns diese Szene vorzustellen.

„Es war einer der schrecklichsten Momente meines Lebens", sagt Aaron. „Zusehen zu müssen, wie eine Frau sich vor Mann und Kindern umbringt. Und das, weil ich durch dieses Dorf gelaufen bin."

„Hast du die Frau überhaupt gekannt?", fragt Sigs.

„Nein", entgegnet Aaron, „ich war nie zuvor in diesem Dorf gewesen und der Frau noch nie begegnet. Als sie auf dem Weg an mir vorbeigerannt war, hatte ich sie zum allerersten Mal gesehen."

Aaron hält erneut einen Moment inne, bevor er fortfährt. „Da war mir klar, dass der äußerliche Kampf gegen Hunger und Krankheit verblasst im Vergleich zum geistlichen Kampf um die Herzen und

Gedanken der Menschen. Und ich musste mich fragen: War ich für einen solchen Kampf tatsächlich bereit?"

Während Sigs und Chris noch mehr wissen wollen, wandern meine Gedanken sofort zurück zu der Frage, ob Gott mich und meine Familie berufen hat hierherzukommen. *Bin ich bereit für einen derartigen geistlichen Kampf?* Und nicht nur ich. Ich denke an all die Möglichkeiten, über die wir gestern gesprochen haben, wie Studenten, Fachkräfte und Rentner das Evangelium in aller Welt verbreiten können. Das ist wahrhaftig keine leichte Aufgabe.

Wie bei einem König, der in den Krieg ziehen will, gilt es, vorher die Kosten zu überschlagen.

Alishas Mut

Bald ist das Frühstück vorbei und wir machen uns wieder auf den Weg. Heute wandern wir in ein Dorf in Lhuntse, wo wir eine Fortbildung für eine kleine Gruppe von Pastoren und Gemeindegründern mitgestalten sollen. Eine der einheimischen Lehrerinnen aus der Schule, die wir gestern besucht haben, schließt sich uns an. Sie heißt Alisha.

Wir sind noch nicht lange unterwegs, da kommt Aaron zu mir und sagt: „Irgendwann im Laufe der nächsten Stunden musst du Alisha bitten, dir ihre Geschichte zu erzählen. Sie ist ein lebendiges Beispiel für Lukas 14."

Kurze Zeit später wird unser Weg breiter und ich gehe ein wenig schneller, um Alisha einzuholen. Sie ist Anfang zwanzig und hat erst vor Kurzem ihr Lehramtsstudium an einer Universität in der Hauptstadt abgeschlossen. Ihre sanfte Stimme und ihr freundliches, zurückhaltendes Auftreten lassen nicht ahnen, wie viel sie trotz ihrer jungen Jahre schon ertragen musste. Nachdem wir ein wenig über die Schönheit der Gegend geplaudert haben, bitte ich Alisha: „Kannst du mir etwas über deine Familie erzählen?"

„Ich habe einen älteren Bruder", sagt Alisha, „der in einem Kloster lebt. Meine Eltern haben ihn hingeschickt, als er noch klein war. Seitdem bereitet er sich darauf vor, Mönch zu werden."

„Wo bist du geboren?"

„In einem Dorf weiter oben in den Bergen."

„Leben deine Eltern immer noch dort?"

„Meine Eltern", setzt Alisha an, dann hält sie inne. „Nun, ich sollte vielleicht ein bisschen weiter ausholen. Ich bin an einem angeblich ‚schlechten Tag' geboren, wie meine Familie glaubte. Die Leute in meinem Dorf waren sehr abergläubisch und manche Tage wurden als böse angesehen. Und ich bin zufällig an einem solchen Tag geboren.

Mein Großvater war ein sogenannter Teufelssprecher. Die Leute glaubten, dass er mit dem Teufel reden konnte. Als ich an diesem schlechten Tag auf die Welt kam, verkündete mein Großvater, ich sei dazu geboren, den Teufel anzubeten. Als ich noch klein war, vielleicht drei oder vier Jahre alt, sagte er zu meinen Eltern, ich müsse dem Teufel jeden Tag Opfer bringen. Also bauten meine Eltern einen kleinen Raum außerhalb des Hauses mit einem Altar für den Teufel. Ich weiß noch, dass ich als Kind jede Nacht ganz allein im Dunkeln hinausgehen musste und dem Teufel mein Opfer bringen. Jede Nacht!", wiederholt Alisha. „Ich hatte solche Angst!"

Während ich ihr zuhöre, muss ich an meinen jüngsten Sohn denken. Er ist fünf. Ich stelle mir das Lächeln auf seinem Gesicht vor. Unvorstellbar, ihn im Alter von drei oder vier ganz allein nachts im Dunkeln nach draußen zu schicken, damit er dem Teufel opfert.

„Aber dann änderte sich das Leben meines Vaters von einem Tag auf den anderen vollkommen", erzählt Alisha weiter. „Ein blinder Mann kam mit einem Blindenführer durch unser Dorf. Sie besuchten auch unser Haus und der Mann erzählte meinem Vater von Jesus. Er sagte ihm, Jesus habe die Macht über Teufel und Sünde. Jesus sei der eine wahre Gott, der gekommen sei, um den Teufel, die Sünde und den Tod zu besiegen, sodass unsere Sünde vergeben werden könne und wir eine echte Beziehung mit dem einen wahren Gott haben könnten."

„Hatte dein Vater je zuvor von Jesus gehört?", möchte ich wissen.

„Nein, das war das erste Mal. Aber es dauerte gar nicht lange, bis er zum Glauben an Jesus kam. Er wusste, dass es falsch war, andere Götter und Geister oder den Teufel anzubeten. Und er war bereit, Jesus zu vertrauen."

Mein Herz fließt geradezu über vor Freude über einen Blinden, dem die Menschen in diesem Dorf so viel wert waren, dass er Alishas Vater das Evangelium gebracht hat. Ich denke daran, wie schwierig es schon mit zwei gesunden Augen ist, auf diesen steilen, schmalen Pfaden unterwegs zu sein – wie viel mehr für einen Blinden? Es gibt einfach keine Entschuldigung dafür, das Evangelium nicht zu den Menschen zu bringen, die es noch nie gehört haben.

Alisha fährt fort: „Das Leben meines Vaters veränderte sich von Grund auf. Er hatte eine völlig neue Sicht auf alles. Dieser Blinde gab ihm eine Bibel und er fing an, sie alleine und mit unserer Familie zu lesen. Kurze Zeit später kam auch meine Mutter zum Glauben. Und ich brauchte dem Teufel keine Opfer mehr zu bringen. Stattdessen begann mein Vater, mir von Jesus zu erzählen."

„Wie hat dein Großvater darauf reagiert?", frage ich.

„Er war außer sich", sagt Alisha. „Und nicht nur er. Das ganze Dorf war außer sich. Mein Großvater und die übrigen Dorfbewohner glaubten, mein Vater habe einen fremden Gott ins Dorf gelassen und das werde Ärger geben." Während Alisha so redet, geht mir auf, dass sie genau den Widerstand gegen das Evangelium beschreibt, von dem Aaron beim Frühstück gesprochen hat. „Also war meine Familie schon nach wenigen Wochen im Dorf völlig geächtet."

„Was meinst du damit?", frage ich.

„Sie sagten uns, wir dürften am Brunnen kein Wasser mehr holen, sondern müssten dafür in ein anderes Dorf gehen. Niemand wollte mehr mit uns an einem Tisch sitzen oder über unsere Türschwelle kommen. Wir waren wie Ausgestoßene."

Ich kann mir vorstellen, wie schmerzlich das alles gewesen sein muss, bin aber nicht vorbereitet auf das, was noch kommt.

„Eines Tages", sagt Alisha und ihre Stimme fängt an zu zittern, „ich muss ungefähr zwölf gewesen sein, waren meine Mutter und mein Vater unterwegs ins nächste Dorf, um Wasser und Vorräte zu holen. Sie kehrten nicht zurück und ich begann mir Sorgen zu machen. Da kamen die Obersten aus unserem Dorf zu uns nach Hause. Sie erzählten mir, dass meine Eltern auf dem Rückweg von einem Erdrutsch erfasst worden seien. Von herabrollenden Steinen getroffen, seien sie abgestürzt und umgekommen." Tränen laufen ihr über die Wangen.

„Alisha, das tut mir so leid." Auch mir tritt Wasser in die Augen.

Sie hält inne, um sich zu fassen. Ich möchte ihr Zeit und Raum dazu geben und sage eine Weile nichts. Nach einigen Minuten bricht Alisha das Schweigen.

„Aber das ist nicht das, was meinen Eltern wirklich passiert ist", sagt Alisha.

„Was meinst du damit?"

„Meine Mutter und mein Vater sind nicht bei einem Erdrutsch umgekommen."

Verwirrt frage ich: „Wie dann?"

Alisha zögert, als habe sie Angst, die Worte auszusprechen. Dann spricht sie weiter: „Die Dorfobersten haben sie gesteinigt."

Tief erschüttert höre ich ihr weiter zu.

„Nach Jahren", sagt Alisha und wischt sich die Tränen ab, „habe ich erfahren, was an diesem Tag tatsächlich geschehen ist. Die Dorfobersten haben meine Mutter und meinen Vater auf dem Weg überfallen, mit Steinen beworfen, bis sie tot waren, und ihre toten Körper den Berg hinuntergestoßen. Dann haben sie die Lüge mit dem Erdrutsch herumerzählt und betont, sie hätten sie ja gewarnt: ‚Wer einen fremden Gott ins Dorf lässt, dem tun die Götter und Geister Böses an.'"

Wie aktuell Alishas Geschichte ist, merke ich, als sie hinzufügt: „Bis heute ist es so: Immer wenn jemand in meinem Dorf oder in der Nähe von Jesus spricht, sagen die Leute: ‚Betet Jesus bloß nicht an. Denkt daran, was den einzigen Leuten passiert ist, die ihn angebetet haben. Sie sind bei einem Erdrutsch umgekommen.‘"

Nach einer Weile erzählt Alisha mir, wie ihr klar geworden sei, dass sie Jesus nachfolgen wollte. Nachdem sie ihre Eltern verloren hatte, sei sie von einer Familie in der Stadt aufgenommen worden und dort zur Schule gegangen. Sie habe auch eine Kirche gefunden, der sie sich anschließen wollte.

Das Thema Taufe habe ihr schwer zu schaffen gemacht, weil sie wusste, dass dies einen offiziellen, endgültigen Bruch mit ihrem Dorf und ihren verbleibenden Verwandten bedeuten würde – auch mit ihrem Bruder, der sich immer noch im Kloster auf das Leben als Mönch vorbereitete. Aber nach vielen Gesprächen mit ihrem Bruder und gründlichem Abwägen der Konsequenzen habe sie sich vor ein paar Jahren taufen lassen und sich damit öffentlich zu ihrem Glauben an Christus bekannt.

Nach Abschluss ihres Studiums unterrichtet sie jetzt in der Schule, die wir gestern besucht haben, und arbeitet für die Verbreitung des Evangeliums in den Bergen, wo ihre Eltern als Märtyrer umgekommen sind.

Gefährliche Botschaft

Alisha und ich reden noch weiter, bis wir zu den anderen stoßen, die eine Pause eingelegt haben. Wir stellen unsere Rucksäcke ab und füllen unsere Wasserflaschen, dann setzen wir uns auf ein paar Felsen oberhalb des Wegs.

Solche Momente, in denen ich mich zurücklehne und mir bewusst wird, was ich hier mache, kommen mir ganz unwirklich vor. Aber interessanterweise verändert sich das, was ich mit Ehrfurcht betrachte, je länger ich hier oben unterwegs bin. Zuerst habe ich die Landschaft bestaunt – und verstehen Sie mich nicht falsch: Sie ist immer noch atemberaubend. Immer noch möchte ich am liebsten nach jeder Wegbiegung ein Foto schießen. Was ich aber jetzt noch erstaunlicher finde, sind die Leute um mich herum. Ich schaue zu Alisha und Nabin hinüber, die hier in den Bergen aufgewachsen sind. Nun, da ich ihren Hintergrund kenne, empfinde ich es als eine Ehre, mit ihnen unterwegs zu sein.

Nach einer etwa halbstündigen Pause setzen wir unsere Rucksäcke auf und machen uns wieder auf den Weg. „Bis zum nächsten Dorf ist es gar nicht mehr weit", erklärt Aaron. „Dort verbringen wir den Rest des Tages."

Die Nachricht, dass wir für heute schon fast am Ziel sind, veranlasst mich, mir ein wenig mehr Zeit zu gönnen, um das zu verarbeiten, was ich an diesem Morgen gehört habe. Beim Nachdenken über Aarons und Alishas Geschichten geht mir ganz neu auf: Wenn ich nicht aufpasse, eigne ich mir nur allzu leicht eine romantische Sicht der Nachfolge Jesu in der Welt an – und verbreite sie sogar.

Ich predige, schreibe Bücher und nutze die sozialen Medien, um Menschen aufzurufen, das Evangelium in die Welt zu bringen. Dieser Vormittag aber hat mir wieder deutlich gemacht, wozu ich die Leute da eigentlich aufrufe: zu einem geistlichen Kampf, der so weit gehen kann, dass jemand sein Leben verliert. Zur Arbeit unter Menschen, die Gefahr laufen, gesteinigt zu werden, wenn sie der christlichen Botschaft Glauben schenken.

Und ich kann auch nicht nur andere dazu animieren, sich in die schwierigsten Winkel dieser Erde aufzumachen. Ich kann nicht von anderen verlangen, was ich selbst nicht zu tun bereit bin. Bei dem Gedanken, möglicherweise hierherzuziehen, mache ich mir gar keine Illusionen: Leicht ist das Leben hier nicht – und die Arbeit erst recht nicht. Denn wenn es Winkel auf der Welt gibt, die noch nicht vom Evangelium erreicht sind, dann hat das einen Grund. Sie sind schwierig und nur unter Gefahren zu erreichen. In Ländern, die offen dafür sind, hat das Evangelium längst Fuß gefasst.

Wenn ich mir klarmache, wie schwierig das Leben und der Dienst in Gegenden wie dieser sind, verstehe ich besser, was Jesus in Lukas 14 sagen wollte. Ich habe mich oft gefragt, warum diese Worte mir und den meisten anderen Christen in Nordamerika so fremd vorkommen, insbesondere dort, wo es Kirchen gibt. Jesus in Amerika nachzufolgen, scheint nicht so viel zu kosten. Natürlich bedeutet es, Zeit zu opfern, die wir auch anders verbringen könnten, und Geld, das wir auch anders ausgeben könnten. Aber wir riskieren nicht, gesteinigt zu werden wie Alishas Eltern oder mittellos verlassen zu werden wie der Pastor, den ich vorgestern kennengelernt habe.

Haben wir vielleicht deshalb keinen Bezug zu Jesu Worten in Lukas 14? Einerseits preise ich Gott, dass ich in eine Familie hineingeboren wurde, wo ich von klein auf das Evangelium gehört habe. Ich preise Gott für Eltern, Freunde und meine Kirche. Von Anfang an bin ich geliebt und umsorgt worden; die Nachfolge Jesu hat mich nicht mein Leben oder mein Hab und Gut gekostet. Aber wenn ich dabei stehen bleibe und mein Leben und meinen Besitz für mich behalte, dann muss ich mir die Frage stellen: Folge ich Jesus eigentlich wirklich?

Laut Lukas 14 nicht! Denn wenn ich wirklich Christ bin, dann erwartet Jesus von mir, dass ich mein Leben und meine Pläne aufgebe und ihm folge, wohin immer er mich führt. Und wenn ich das tue, führt er mich unweigerlich zu Menschen, die seine Liebe noch nicht kennen, zu denen, die seine Fürsorge bitter nötig haben. Und das hat für mich *zwangsläufig* einen hohen Preis.

Also kann ich diesen hohen Preis, den Jesus in Lukas 14 beschreibt, nur dann umgehen, wenn ich ihm nicht nachfolge. Vielleicht können wir uns Christen nennen, aber wir frönen dabei unserem Wohlstand und sind oft blind für die existenzielle geistliche und leibliche Not auf dieser Welt. Oder vielleicht geben wir tatsächlich einen Teil unserer Zeit und unseres Gelds für Menschen in Not, leben aber ansonsten auf uns selbst bezogen.

Egal was ich in der Vergangenheit geschrieben oder gepredigt habe – ich muss mir auf dieser Tour eingestehen, wie stark ich Tag für Tag versucht bin, Jesus nicht im Sinne von Lukas 14 nachzufolgen. Ich erkenne meinen Hang, mich bequem zurückzulehnen und vor der Not der Welt die Augen zu verschließen. Die Verlockung ist groß und ich brauche Brüder und Schwestern in Christus wie Alisha und Aaron, die mich beständig daran erinnern, dass das Leben als Christ einen Preis hat – wenn ich Christus wirklich nachfolgen will.

Das Dal-Bhat-Buffet

Nun erreichen wir das nächste Dorf, wo wir den restlichen Tag verbringen werden. Wir stellen in unseren Zimmern unser Gepäck ab und treffen uns zum Mittagessen. Heute steht Dal Bhat auf der Speisekarte, eine Abwechslung zur Linsensuppe, die wir bisher jeden Tag gegessen haben.

Stellen Sie sich einen silbernen Teller mit einem Berg aus weißem Reis in der Mitte vor. Daneben steht eine silberne Schale mit Dal, einer suppenartigen braunen Soße. Dal enthält Linsen, Gemüse-Curry und eine Gewürzmischung. Die Soße wird traditionell über den Reis gegossen, sodass sie in den Reis sickert. Nun haben Sie also einen Teller Dal Bhat vor sich.

Die Gastgeber im Gästehaus kramen nach ein paar Löffeln für Sie. Die Einheimischen brauchen keine. Sie beschließen, dass Sie nun schon oft genug hier gegessen haben, um als Einheimischer durchzugehen, und lehnen den Löffel dankend ab. Essen wie die Einheimischen bedeutet erstens, nur die rechte Hand zu benutzen. Die linke Hand wird traditionell für … sagen wir mal … nicht ganz so saubere Zwecke verwendet.

Sie heben also Ihre rechte Hand und bilden mit den mittleren drei Fingern eine Art Löffel. Dann legen Sie diese Finger unter oder hinter ein wenig Reis mit Dal. Mit Ihrem Daumen schieben Sie nun Dal Bhat auf diese Finger. Jetzt führen Sie Ihre Hand zum Mund, wobei Ihr Daumen und Ihre Finger dafür sorgen, dass nichts herunterfällt. Wenn Sie das Essen (mit Ihren Fingern) auf Ihre Zunge befördern, werden Sie von den asiatischen Gewürzen mit einem herzlichen Hallo begrüßt.

Das machen Sie so lange, bis Ihr Teller leer ist – was aber nicht heißt, dass Sie fertig sind. Sobald Reis und Dal auf Ihrem Teller zur Neige gehen, ist der Gastgeber sofort zur Stelle, um Ihnen einen Nachschlag zu servieren. Nun begreifen Sie, dass dies wohl ein „All you can eat"-Dal-Bhat-Buffet sein muss. Je nachdem, wie viel Sie schaffen, gibt es auch noch einen zweiten oder sogar dritten Nachschlag.

Beim Essen erklärt uns Aaron, was uns an diesem Tag noch erwartet: „Heute treffen wir uns hier im Dorf mit einer kleinen Gruppe von Pastoren und Gemeindeleitern. Sie haben alle noch eine andere Arbeit, und nur manche bekommen ihren Dienst in der Kirche überhaupt bezahlt."

„Kommen sie aus anderen Dörfern?", fragt Sigs.

„Ja, viele von ihnen sind von weit her. Wir werden ihnen eine Bibelarbeit und eine Schulung für Gemeindegründung halten."

Schon bald finden wir heraus, dass wir dabei mehr lernen als sie.

Ein verwandeltes Leben

Gut gesättigt von Dal Bhat greifen wir zu unseren Bibeln und machen uns auf den Weg zu einem offenbar recht neuen Blechgebäude oberhalb des Dorfes. Hier kommt die Gemeinde zusammen. Drinnen warten schon etwa zwanzig Leute, die im Kreis sitzen, Tee trinken und plaudern. Als wir ankommen, gesellen wir uns mit einer Tasse Tee zu ihnen.

Die nächsten zwölf Stunden verbringen wir hier mit Gebet, Bibelarbeit, ermutigen die anderen und werden selbst ermutigt bis spät in die Nacht hinein. Im Laufe dieser Stunden lerne ich die bescheidensten, nettesten, sanftmütigsten und gleichzeitig stärksten Pastoren und Gemeindeleiter kennen, die mir je begegnet sind.

Rechts von mir sitzen Ram und Rasila. Ram war früher Alkoholiker. „Ich war in meinem Dorf als sehr böser Mann verschrien", erzählt er. Rasila, Rams Ehefrau, nickt zustimmend.

„Ram war nicht nur im Dorf böse", fügt Rasila hinzu, „sondern auch zu Hause. Er war kein liebender Ehemann. Und unseren Kindern kein liebender Vater. Manchmal hat er uns tagelang allein gelassen, hat getrunken und andere schlimme Dinge getan. Ich habe Essen für ihn gekocht, aber oft ist er nicht heimgekommen. Und wenn er heimkam, dann war es nicht gut."

„Mehr als einmal wollte ich mich umbringen", fährt Rasila fort und es kommen ihr bei der schmerzlichen Erinnerung die Tränen. „Aber dann habe ich meinen Kindern in die Augen geschaut und es mir anders überlegt."

Nun ergreift Ram den Gesprächsfaden: „Dann aber hat mir eines Tages jemand die Gute Nachricht von Jesus erzählt. Ich hörte, wie ich durch den Glauben an ihn ein neues Leben, Vergebung meiner Schuld und eine Beziehung zu Gott bekommen konnte; wie ich der Mann, Ehemann und Vater sein konnte, der ich sein sollte."

„Eines Tages kam er heim", erzählt Rasila, „und ich war ganz überrascht. Er war nicht betrunken, und doch hat er irgendwelches scheinbar verrückte Zeug geredet: dass er Christ werden wollte, am liebsten gleich mit der ganzen Familie."

„Was hast du damals davon gehalten?", frage ich.

„Ich wollte wissen, warum mein Mann plötzlich so anders war. Er verhielt sich ganz anders und redete davon, dass er uns lieben und besser für uns sorgen wollte. Ich war deshalb gespannt, noch mehr von Jesus zu erfahren. Schließlich haben auch meine Kinder und ich beschlossen, ihm nachzufolgen. Heute ist Ram der beste und liebevollste Ehemann und Vater, den ich mir vorstellen kann", sagt Rasila strahlend. „Ich denke, ich bin die glücklichste Frau der Welt und ganz bestimmt die glücklichste Ehefrau."

„Wer hat dir vom Evangelium erzählt?", frage ich Ram.

Er lächelt und deutet hinüber zu einem anderen Paar.

In Flammen

Auf der anderen Seite des Kreises sitzen Seojun und seine Frau Jin. Ich sehe ihnen an, dass sie nicht aus der Gegend kommen, und frage sie, wie lange sie schon hier leben.

„Ungefähr zehn Jahre", sagt Seojun. „Jin und ich sind aus dem Ausland. Wir wollten das Evangelium weitergeben und hier eine Arbeit unter Armen und Kranken aufbauen. Als wir in dieses Land kamen, beschlossen wir, nicht in der Stadt zu bleiben. Wir wollten in die Berge ziehen, um den Menschen in Not so nah wie möglich zu sein. Also haben wir uns hier oben niedergelassen. An unser Wohnhaus grenzte ein Gebäude, wo wir Menschen in Not helfen konnten. Eines Tages lernte ich Ram kennen und kurz darauf Rasila."

„Also lebt ihr seitdem hier?", frage ich.

„So einfach ist es nicht", entgegnet Seojun.

Jin ergreift das Wort: „Eines Nachts hörten wir Geräusche vor unserer Haustür und merkten, dass etwas nicht stimmte. Wir liefen zur Tür und schauten durchs Fenster hinaus. Da sahen wir Männer mit Pistolen und Fackeln. Plötzlich fingen die Männer an, unsere Fenster einzuwerfen. Ich schrie vor Entsetzen. Nie in meinem Leben habe ich solche Angst gehabt."

„Sie brüllten, wir sollten von hier verschwinden", erzählt Seojun. „Als wir draußen waren, haben sie unser Haus und das angrenzende Gebäude in Brand gesetzt. Dann haben sie uns mit ihren Pistolen bedroht und geschrien: ‚Lasst euch nie mehr hier blicken! Wir wollen euch in diesem Dorf nicht haben, und wenn ihr jemals versucht zurückzukommen, bringen wir euch um.'"

„Ich war so traurig", sagt Jin. „Wir hatten uns von Gott für die Arbeit in dem Dorf berufen gefühlt, aber wir wussten auch: Wenn wir blieben, würden wir nicht nur uns selbst, sondern auch Leute wie Ram und Rasila in Gefahr bringen. Also habe ich am nächsten Morgen ganz besonders für die Männer gebetet, die unser Haus zerstört hatten, und dann sind wir weitergezogen an einen anderen Ort.

Als das Haus und das Dienstgebäude in Flammen standen, dachte ich, unsere ganze Arbeit hier sei in Flammen aufgegangen."

„Wie kommt es dann, dass ihr jetzt zurück seid?", frage ich.

„Während der folgenden Jahre", entgegnet Seojun, „hielten wir den Kontakt mit Ram und Rasila und ein paar anderen Leuten aufrecht, die Jesus nachfolgten und hier eine Kirche aufgebaut hatten. Sie erzählten uns, wie viel mehr Menschen schon zum Glauben gekommen seien und wie Jesus das Leben von vielen Familien und dem ganzen Dorf machtvoll verändert habe."

„Dann haben wir eines Tages von einer Naturkatastrophe erfahren", erzählt Jin weiter, „die in diesem Dorf über Hundert Häuser zerstört hatte. Ram und Rasila brauchten Hilfe, also sind wir gekommen. Wir haben Freiwillige mobilisiert, Lebensmittel und Baumaterial beschafft und durch Gottes Hilfe mehr als Hundert Häuser wieder aufgebaut."

„Habt ihr damals auch das Haus für die Gemeinde gebaut, in dem wir jetzt sitzen?", frage ich.

„Das ist eine gute Frage", entgegnet Seojun. „Aber die stellst du am besten *ihm*." Seojun deutet hinüber zu einem Mann, den er uns als Bishal vorstellt.

Aus der Asche

Bishal wirkt älter, robuster und zäher als alle anderen im Raum, und doch breitet sich ein treuherziges Lächeln über sein Gesicht aus. Es schwindet jedoch schnell, als er anfängt, seine Geschichte zu erzählen.

„Ich war früher Stammeskämpfer", berichtet Bishal. „Es war meine Aufgabe, die Dörfer hier in der Gegend vor Kräften von außen zu schützen. Auch vor Christen."

Nach allem, was ich über die bittere Feindseligkeit gegen Gläubige gehört habe, denke ich: *Dieser Mann muss etwas zu erzählen haben.*

„Damals hielt ich Christen für Spione, die in unsere Dörfer kommen und unsere Kultur zerstören wollten", fährt Bishal fort. „Wenn also vor Jahren Christen entdeckt wurden, befahl mir mein Kommandant, ihnen mit meinen Männern klarzumachen, dass sie verschwinden müssten, sonst würden sie es mit ihrem Leben bezahlen. Eines Nachts habe ich also meine Männer zusammengetrommelt und wir sind mit Pistolen und Fackeln zu ihrem Haus gezogen."

Mein Blick fällt hinüber auf Seojun und Jin. Dann zurück auf Bishal. „Dann waren Sie es, der in dieser Nacht an ihre Tür gehämmert hat?", frage ich.

Bishal nickt. „Ich habe Seojun mit einer Pistole bedroht und ihm gesagt, er solle sich nie mehr hier blicken lassen. Dann habe ich sein Haus und das Gebäude daneben in Brand gesteckt."

Beim Zuhören fällt mir ein, was Jin gesagt hat – dass sie vor ihrem Aufbruch am nächsten Morgen für die Männer gebetet hätten, die ihnen mit dem Tode gedroht und ihr Haus angezündet hatten. „Jahrelang habe ich andere Christen ferngehalten und versucht, so gut es ging, Ram und Rasila den Mund zu verbieten", sagt Bishal. „Aber dann hat die Naturkatastrophe zugeschlagen. Und innerhalb von Tagen haben die Christen, die ich bedroht hatte, angeboten, uns beim Wiederaufbau unserer Häuser zu helfen! Ich wusste gar nicht, was ich davon halten sollte, wollte ihre Hilfe aber auch nicht ablehnen. Über die nächsten Monate brachten sie uns Lebensmittel und Material. So haben wir zusammen alle zerstörten Häuser wieder aufgebaut."

Jetzt geht ein Lächeln über die Gesichter, als Bishal berichtet: „Da ist das eigentliche Wunder passiert: Ich bin zum Glauben an Jesus gekommen. Und sofort habe ich der Kirche mein Grundstück für dieses Versammlungsgebäude angeboten."

Bishal sieht mich an und sagt: „Leicht war das nicht. Die anderen Kämpfer und auch mein Kommandeur haben mich als Verräter beschimpft und ich habe viel Land verloren. Aber das war den Preis wert. Mein Leben, meine Familie und dieses Dorf sind durch Gottes Liebe und die beiden Ehepaare unter uns verwandelt worden." Er blickt erst zu Seojun und Jin hinüber, dann zu Ram und Rasila neben sich.

Ich bin sprachlos. Und das bin ich immer noch, als Ram und Rasila weiter berichten, wie sie nicht nur eine Kirche in diesem Dorf aufgebaut, sondern auch Missionare ausgesandt hätten, Gemeinden in anderen Dörfern zu gründen. Jetzt würden sie einem Gemeindenetzwerk in dieser Region angehören, das Evangelium verbreiten und immer neue Gemeinden gründen, sogar unter Menschen, die eine andere Sprache sprechen.

Die Arbeit, die Seojun und Jin begonnen hatten, ist schließlich doch nicht in Flammen aufgegangen.

Harte Arbeit

Die Leiter in diesem Raum gehören alle zum Gemeindenetzwerk in dieser Region. Im Laufe des Tages hören wir davon, wie Gott wirkt und mit welchen Herausforderungen die Gemeinden zu kämpfen haben.

Eine Frau namens Nisu berichtet, wie sie und ihr Ehemann in einem abgelegenen Dorf eine Kirche gegründet hätten, wo es keine Schriftsprache gebe. Also hätten sie angefangen, mit den Dorfbewohnern eine Schrift für ihre Sprache zu entwickeln. Viele seien begeistert gewesen, aber schon kurz nach dem Start des Projekts habe ein Dorfoberster die Bewohner zusammengerufen und gesagt: „Diese Christen wollen ja nur deshalb eine Schrift für unsere Sprache erfinden, damit sie die Bibel übersetzen können. Und wir wollen die Bibel nicht, also muss das aufhören."

Nachdem genügend Leute überzeugt gewesen seien, dass eine geschriebene Sprache schlecht sei, würden die Dorfbewohner jetzt alles tun, um das Projekt zu stoppen.

Ein Mann namens Sai erzählt, wie die Kirche, in der er Pastor sei, schon seit zehn Jahren versuche, in einem bestimmten Dorf eine Gemeinde zu gründen. Aber bisher sei jedes Mal, wenn jemand Interesse am Evangelium gezeigt habe, anscheinend irgendetwas Schlimmes im Dorf passiert.

Während uns von einem gescheiterten Versuch nach dem anderen berichtet wird, lehnt sich Aaron zu mir herüber und flüstert: „Deshalb geben so viele Leute, die hierhergezogen sind, irgendwann auf. Es ist harte Arbeit und der Erfolg kommt nicht über Nacht. Was wir hier brauchen, sind Menschen, die sich darauf einstellen, zehn oder zwanzig Jahre unbeirrt dranzubleiben, bevor ein Durchbruch passiert. Viele Christen aber – und die meisten Kirchen in Amerika, die sie aussenden – sind nicht bereit, so lange durchzuhalten."

Ich weiß, dass er recht hat – leider. Und ich frage mich, ob ich selbst einen so langen Atem hätte.

Schließlich erzählt noch ein Mann namens Bidek von der schlimmen materiellen Not an dem Ort, an dem er Pastor ist. Sein Dorf sei so abgelegen, dass schon das Allernotwendigste nur schwer zu beschaffen sei. Und vor seiner Ankunft habe niemand im Dorf je das Evangelium gehört. Nun gebe es dort eine kleine Gemeinde, die regelmäßig zusammenkomme. Die Glieder sorgten füreinander und er wolle gerade lernen, wie er sie am besten lieben und leiten könne.

„Wie abgelegen ist das Dorf denn?", frage ich.

„Sehr abgelegen", entgegnet Bidek und ein paar andere im Raum lächeln wissend.

„Frag ihn doch mal, wie lange er gebraucht hat, um aus seinem Dorf hierherzukommen", meint Ram.

„Und, wie lange?", frage ich.

„Ungefähr drei Wochen."

Die Kirche, wie Gott sie gemeint hat

Was sage ich denn nun zu Gemeindeleitern, die teilweise eine mehrwöchige Anreise auf sich genommen haben, um hier zusammenzukommen? Diese Herausforderung macht mich demütig. Es ist aber auch eine Ehre für mich, sie kennenzulernen. Aaron hat mich gefragt, ob ich ihnen etwas darüber weitergeben möchte, was das Wort Gottes über die Kirche sagt. Das tue ich gerne.

Wir verbringen die nächsten Stunden damit, verschiedenste Bilder und Abschnitte aus der Bibel durchzugehen, die die Kirche beschreiben, wie Gott sie gemeint hat. Während wir darüber sprechen, was wir in Gottes Wort sehen, erkenne ich zwei Dinge ganz neu.

Erstens: Es ist absolut notwendig, in der Bibel zu forschen, um zu sehen, wie Gott die Gemeinde gemeint hat. Vor ein paar Tagen habe ich schon darüber nachgedacht, wie dringend diese Dörfer die Kirche brauchen – allerdings nicht in ihrer amerikanischen Ausprägung. Sie brauchen eine Kirche, wie die Bibel sie beschreibt.

Während ich mit diesen Leitern durch das Wort Gottes gehe, merke ich, wie oft in unseren Gesprächen über die Kirche in Amerika kulturelle Traditionen im Mittelpunkt stehen, die bestenfalls außerbiblisch, schlimmstenfalls sogar unbiblisch sind.

Zum Beispiel finde ich beim Lesen der Bibel mit meinen Brüdern und Schwestern hier nichts über den Bau von Kirchengebäuden, die Organisation von Gemeindeprogrammen oder die kirchliche Personalverwaltung – Themen, um die es in unseren Gemeinden zu Hause so oft geht. Da frage ich mich: *Warum sind westliche Kirchen, deren Glaube und Predigt sich doch auf die Bibel gründen, so fixiert auf Dinge, die in der Bibel gar nicht vorkommen?* Dabei muss ich mir eingestehen: Was wir in der Kirche am nötigsten haben – nicht nur im Himalaja, sondern auch bei mir zu Hause –, ist, unvoreingenommen unsere Bibel aufzuschlagen und zu fragen: „Leben wir Gemeinde tatsächlich so, wie dieses Buch sie beschreibt?"

Dies führt mich zu einer zweiten Erkenntnis, die mich wieder auf Lukas 14 zurückverweist. Wenn Christsein bedeutet, die Kosten zu überschlagen und dann unser Leben, unseren Besitz, unsere Pläne und Träume aufzugeben, um Jesus nachzufolgen, wo immer er uns hinführt, dann bedeutet Kirchesein, mit Menschen zusammenzukommen, die dies getan haben: die Kosten überschlagen und ihr Leben in dieser Weise hingegeben. Genau dies sehe ich um mich herum in diesem Raum.

Keiner der Anwesenden macht sich vor, dass Christsein einfach ist. Kein Einziger ist hier, weil es kulturell akzeptiert ist, Christ zu sein. Kein Einziger ist hier, weil es für ihn der bequemste Weg ist.

Alle Männer und Frauen in diesem Raum sind hier, weil sie Jesus ganz nachfolgen wollen mit allem, was damit verbunden ist: harte Arbeit, schwierige oder sogar gefährliche Situationen, um Gottes Liebe zu verbreiten. Mit der aufgeschlagenen Bibel in der Hand werde ich daran erinnert: Genau so hat Gott Kirche gemeint.

Heute ist es schon nach Mitternacht, als ich in meinen Schlafsack steige – körperlich erschöpft, aber geistlich beflügelt. Bevor ich meine Augen schließe, schreibe ich in mein Tagebuch:

> *Nach der Zeit mit Alisha, Ram, Rasila, Seojun, Jin, Bishal, Nisu und Bidek bin ich überzeugter denn je: Kirche kann die Welt verändern. Wenn wir Kirche richtig verstehen. Nach Gottes Wort. Nicht nach unseren Vorstellungen, Konzepten, Trends und Traditionen. Wenn wir als Christen die Kosten überschlagen und die Kirche werden, zu der Gott uns berufen hat.*

Zum Nachdenken

- Was kostet Sie die Nachfolge Jesu in Ihrem Leben heute? Welche Schritte des Gehorsams Jesus gegenüber könnte Nachfolge kostspieliger machen?
- Warum, meinen Sie, sind westliche Kirchen, deren Glaube und Predigt sich doch auf die Bibel gründen, so fixiert auf Dinge, die in der Bibel gar nicht vorkommen? Wie könnten Sie dazu beitragen, das zu ändern?

Tag 7
Zerbrochene Teegläser
Strahlendes Licht

Den Einen suchen

Heute ist der letzte Tag unserer Tour. Aaron hat uns schon angekündigt, dass es weiter unten wärmer werden würde. Und das stimmt. Ich habe den Reißverschluss meines Schlafsacks die ganze Nacht offen gelassen und brauche wohl heute auch keine Jacke. Es ist erstaunlich, was schon 1 000 oder 2 000 Höhenmeter in den Bergen ausmachen können.

Ich öffne meine Bibel und schlage noch einmal das Lukasevangelium auf.

> Jesus war ständig umgeben von Zolleinnehmern und anderen Leuten, die als Sünder galten; sie wollten ihn alle hören. Die Pharisäer und die Schriftgelehrten waren darüber empört. „Dieser Mensch gibt sich mit Sündern ab und isst sogar mit ihnen!", sagten sie.
>
> Da erzählte ihnen Jesus folgendes Gleichnis: „Angenommen, einer von euch hat hundert Schafe, und eins davon geht ihm verloren. Lässt er da nicht die neunundneunzig in der Steppe zurück und geht dem verlorenen nach, bis er es findet? Und wenn er es gefunden hat, nimmt er es voller Freude auf seine Schultern und trägt es nach Hause. Dann ruft er seine Freunde und Nachbarn zusammen und

sagt zu ihnen: ‚Freut euch mit mir! Ich habe das Schaf wiedergefunden, das mir verloren gegangen war.‘ Ich sage euch: Genauso wird im Himmel mehr Freude sein über einen einzigen Sünder, der umkehrt, als über neunundneunzig Gerechte, die es nicht nötig haben umzukehren.“

„Oder wie ist es, wenn eine Frau zehn Silbermünzen hat und eine davon verliert? Zündet sie da nicht eine Lampe an, kehrt das ganze Haus und sucht in allen Ecken, bis sie die Münze gefunden hat? Und wenn sie sie gefunden hat, ruft sie ihre Freundinnen und Nachbarinnen zusammen und sagt: ‚Freut euch mit mir! Ich habe die Münze wiedergefunden, die ich verloren hatte.‘ Ich sage euch: Genauso freuen sich die Engel Gottes über einen einzigen Sünder, der umkehrt.“

Jesus fuhr fort: „Ein Mann hatte zwei Söhne. Der jüngere sagte zu ihm: ‚Vater, gib mir den Anteil am Erbe, der mir zusteht!‘ Da teilte der Vater das Vermögen unter die beiden auf. Wenige Tage später hatte der jüngere Sohn seinen ganzen Anteil verkauft und zog mit dem Erlös in ein fernes Land. Dort lebte er in Saus und Braus und brachte sein Vermögen durch. Als er alles aufgebraucht hatte, wurde jenes Land von einer großen Hungersnot heimgesucht. Da geriet auch er in Schwierigkeiten. In seiner Not wandte er sich an einen Bürger des Landes, und dieser schickte ihn zum Schweinehüten auf seine Felder. Er wäre froh gewesen, wenn er seinen Hunger mit den Schoten, die die Schweine fraßen, hätte stillen dürfen, doch selbst davon wollte ihm keiner etwas geben. Jetzt kam er zur Besinnung. Er sagte sich: ‚Wie viele Tagelöhner hat mein Vater, und alle haben mehr als genug zu essen! Ich dagegen komme hier vor Hunger um. Ich will mich aufmachen und zu meinem Vater gehen und zu ihm sagen: Vater, ich habe mich gegen den Himmel und gegen dich versündigt;

ich bin es nicht mehr wert, dein Sohn genannt zu werden. Mach mich zu einem deiner Tagelöhner!' So machte er sich auf den Weg zu seinem Vater. Dieser sah ihn schon von Weitem kommen; voller Mitleid lief er ihm entgegen, fiel ihm um den Hals und küsste ihn. ‚Vater', sagte der Sohn zu ihm, ‚ich habe mich gegen den Himmel und gegen dich versündigt; ich bin es nicht mehr wert, dein Sohn genannt zu werden.'

Doch der Vater befahl seinen Dienern: ‚Schnell, holt das beste Gewand und zieht es ihm an, steckt ihm einen Ring an den Finger und bringt ihm ein Paar Sandalen! Holt das Mastkalb und schlachtet es; wir wollen ein Fest feiern und fröhlich sein. Denn mein Sohn war tot, und nun lebt er wieder; er war verloren, und nun ist er wiedergefunden.' Und sie begannen zu feiern.

Der ältere Sohn war auf dem Feld gewesen. Als er jetzt zurückkam, hörte er schon von Weitem den Lärm von Musik und Tanz. Er rief einen Knecht und erkundigte sich, was das zu bedeuten habe. ‚Dein Bruder ist zurückgekommen', lautete die Antwort, ‚und dein Vater hat das Mastkalb schlachten lassen, weil er ihn wohlbehalten wiederhat.'

Der ältere Bruder wurde zornig und wollte nicht ins Haus hineingehen. Da kam sein Vater heraus und redete ihm gut zu. Aber er hielt seinem Vater vor: ‚So viele Jahre diene ich dir jetzt schon und habe mich nie deinen Anordnungen widersetzt. Und doch hast du mir nie auch nur einen Ziegenbock gegeben, sodass ich mit meinen Freunden hätte feiern können! Und nun kommt dieser Mensch da zurück, dein Sohn, der dein Vermögen mit Huren durchgebracht hat, und du lässt das Mastkalb für ihn schlachten!'

‚Kind', sagte der Vater zu ihm, ‚du bist immer bei mir, und alles, was mir gehört, gehört auch dir. Aber jetzt mussten wir doch feiern und uns freuen; denn dieser hier, dein Bruder, war tot, und nun lebt er wieder; er war verloren, und nun ist er wiedergefunden'" (15,1–32).

Beim Lesen dieser drei Geschichten springt mir das gemeinsame Thema sofort ins Auge. In jeder einzelnen spielt der, die oder das eine eine große Rolle. In der ersten geht es um das eine Schaf aus einer Herde von hundert. In der zweiten um eine Münze von zehn. In der dritten um einen Sohn (wobei auch der zweite Sohn eine wichtige Bedeutung hat). In jeder dieser Geschichten ist der, die oder das eine zuerst verloren und wird dann gefunden. Und in jeder wird das Wiederfinden ausgelassen gefeiert.

Die gemeinsame Botschaft ist unmissverständlich: Gott geht dem einen mit Leidenschaft nach – bemerkenswert, wenn ich es mir so recht überlege. Gott hat ein ganzes Universum, ganze Galaxien am Laufen zu halten, herrscht über Regierungen und hält über mehr als sieben Milliarden Menschen Wacht. Und doch spricht die Bibel nicht von der Freude des Himmels über diese kosmischen Geheimnisse und universalen Wirklichkeiten. Stattdessen passiert im Himmel etwas ganz Besonderes, wenn eine Person, die von Gott durch die Sünde getrennt war, in Liebe mit ihm versöhnt wird.

Beim Lesen sehe ich mich selbst in dem einen und bin überwältigt von Gottes Gnade. Ich schreibe:

Herr, mein Gott, mein Vater im Himmel, danke, dass du mir nachgegangen bist! Danke, dass du mich gefunden hast! Danke, dass du meine verlorene, sündige Seele gefunden hast. Danke, dass du mich zu deinem Sohn gemacht hast!

Aber ich kann dabei nicht stehen bleiben; nicht nach dem, was ich in dieser Woche gesehen habe. Ich denke an die Menschen, die ich kennengelernt habe: an Kamal. An Sijan und seinen kleinen Sohn

Amir. An das reizende kleine Mädchen, das zuerst meine Hand gehalten und mich dann angespuckt hat. An die Mutter, den Vater und ihre dreijährige Tochter, bei denen wir zum Tee zu Gast waren. An die trauernden Männer und Frauen, deren verstorbene Angehörige auf dem Scheiterhaufen brannten. An die lachenden und spielenden Schulkinder, die wir besucht haben. An die treuen Pastoren. Gott liebt nicht nur die Massen – er liebt den Einzelnen. Und ich möchte ihn in meinem Leben widerspiegeln. Ich schreibe:

O Gott, mach mein Leben zu einem Spiegelbild deiner suchenden Liebe. Du suchst das Verlorene. Du verlässt die vielen auf der Suche nach dem einen. O Gott, ich möchte, dass dies an meinem Leben deutlich wird. O Gott, bitte zeig dich durch mich, meine Familie und meine Kirche als der suchende und rettende, als der liebende und vergebende Vater. Hilf mir, mich um den einen in meiner Nähe zu kümmern, und hilf mir aufzubrechen und dort hinzugehen, wohin du mich führen willst. Dort, wo ich lebe. Hier im Himalaja. Wo immer du mich hinführst.

Beim Lesen dieser Worte ahne ich nicht, was Gott mir über die Bedeutung des einen sehr bald noch zeigen wird.

Nicht nur eine Nummer

Ich rolle meinen Schlafsack zusammen und verstaue ihn zum letzten Mal (zumindest für diese Tour) in meinem Rucksack. Kaum zu glauben, dass erst eine Woche vergangen ist; die Erfahrungen und Begegnungen der letzten Tage könnten wohl ein ganzes Jahr füllen.

Beim Packen höre ich draußen einen Tumult. Eine weibliche Stimme, ängstlich und außer Atem, fragt nach Aaron. Ich höre ihn aus seinem Zimmer kommen. Wir anderen folgen ihm.

„Was ist los, Niyana?", fragt Aaron.

Niyana ist eine der Lehrerinnen an der Schule, die wir vor zwei Tagen besucht haben. Sie ist gestern Morgen, als wir weitergezogen sind, in dem Dorf geblieben, aber heute Morgen sehr früh aufgestanden und schnell abgestiegen, um uns noch zu erreichen.

„Ich habe eine schreckliche Nachricht", wimmert sie.

Mittlerweile ist auch Alisha, die an derselben Schule unterrichtet, aus ihrem Zimmer gekommen und hat ihren Arm um Niyana gelegt.

„Du kennst doch Pradip", sagt Niyana mit Blick auf Alisha.

Alisha nickt, wendet sich Aaron zu und erklärt: „Er ist einer der Fünfjährigen an der Schule." Ängstlich blickt sie nun Niyana an und fragt: „Was ist denn passiert?"

„Vor ein paar Tagen war er noch in der Schule und hat mit den anderen Kindern gespielt", berichtet Niyana. Zu uns gewandt sagt sie: „Ihr müsst ihn alle gesehen haben. Es ging ihm gut. Er hat sich ganz aufmerksam am Unterricht beteiligt, auch wenn er vielleicht ein wenig müde war. Später fühlte er sich nicht wohl und ging nach Hause. In der Nacht hat er dann Durchfall bekommen und erbrochen. Wir dachten uns nichts Schlimmes dabei, als seine Eltern ihn am nächsten Tag nicht in die Schule geschickt haben. Aber Pradip muss es immer schlechter gegangen sein. Letzte Nacht ist er gestorben." Tränen laufen Niyana über die Wangen.

Über Alishas Gesicht breitet sich Erschütterung aus und auch bei ihr fließen die Tränen.

„Alisha", sagt Niyana, „ich dachte, ich muss es dir so schnell wie möglich sagen, denn du willst dich bestimmt um Pradips Familie kümmern."

Bald erfahren wir, dass Pradip Alisha besonders ans Herz gewachsen war und sie eine enge Beziehung zu seiner Familie aufgebaut hat.

„Ja", bestätigt Alisha und wischt sich die Tränen ab. „Ich packe meine Sachen zusammen und laufe gleich mit dir zurück." Damit geht sie wieder in ihr Zimmer. Hinter der geschlossenen Tür hören wir sie schluchzen.

Wir alle stehen schweigend da. Aaron sagt sanft: „Niyana, über-legen wir doch mal, was wir für Pradips Familie tun könnten." Sie nickt und die beiden treten ein paar Schritte zur Seite und sprechen miteinander.

Wir Übrigen drehen uns um und gehen bedrückt wieder zum Pa-cken in unsere Zimmer. Über meinen Rucksack gebeugt, stelle ich mir die Kinder vor, mit denen wir erst vorgestern gespielt haben. Trotz all der Not, die ich hier in den Bergen gesehen oder von der ich gehört habe, ist mir nie der Gedanke gekommen, dass inner-halb von nur sechsunddreißig Stunden eines dieser Kinder an einer plötzlichen Krankheit sterben könnte. Zwar hat Aaron uns erzählt, dass statistisch gesehen die Hälfte der Kinder vor ihrem achten Geburtstag stirbt. Aber irgendwie waren die Worte „die Hälfte der Kinder" für mich nicht greifbar. Zu allgemein und zu abstrakt. Aber nun verbirgt sich dahinter nicht mehr nur irgendeine Zahl, sondern ein Name: Pradip.

Ein Junge wie Isaiah, mein fünfjähriger Sohn zu Hause.

Solange wir nur Zahlen auf einem Blatt Papier betrachten, brau-chen wir das Armutsproblem nicht wirklich an uns heranzulassen. Es lässt sich relativ leicht verdrängen, solange die Armen eine Sta-tistik bleiben.

Aber alles verändert sich, wenn Sie einen von ihnen persönlich kennen. Alles verändert sich, wenn Sie Zeit mit ihm verbracht ha-ben, und zwei Tage später ist er tot.

Und er ist nicht nur einfach so gestorben, sondern deshalb, weil er arm war.

Wenn Isaiah Durchfall hat und sich übergeben muss, habe ich gleich ein Rezept bei der Hand. Ich gebe ihm viel frisches Wasser zu trinken und lasse ihn dazu ein einfaches Medikament schlucken. Wenn das nicht funktioniert, kann ich ihn zu jeder Tages- oder Nachtzeit zu einem Arzt oder ins Krankenhaus bringen, wo er ver-sorgt wird. Ich würde gar nicht auf den Gedanken kommen, dass eine solche Krankheit tödlich ausgehen könnte. Und das hängt nicht allein mit unserem Wohlstand zusammen, sondern es ist auf dieser Welt geradezu ein Privileg: In meinem Land haben sogar die meisten Armen Zugang zu medizinischer Grundversorgung.

Ich sitze auf meinem Bett und frage mich: *Was soll ich jetzt mit meinem Wohlstand und meinen Privilegien anfangen?* Ich kann die Armen und meine Möglichkeiten, ihnen zu helfen, nicht mehr einfach ignorieren. Gleichgültigkeit ist auch keine Option mehr. Ich kenne Sprüche 21,13. Deutlicher lässt es sich gar nicht ausdrücken: „Wer sich beim Hilferuf eines Armen taub stellt, wird selbst keine Antwort bekommen, wenn er Hilfe braucht" (Hfa). Und nach dem, was ich heute Morgen in Lukas 15 gelesen habe, sind „die Armen" nicht nur eine allgemeine, nicht fassbare statistische Gruppe. Es sind Menschen. Es sind Kinder wie Pradip.

Gottes Reaktion auf mich ist ein Spiegel meiner Reaktion auf Menschen wie Pradip. Das ist ein demütigender, ja ein geradezu beängstigender Gedanke für mich – und für alle Christen, die Wohlstand und Privilegien über alle Maßen genießen.

Wie also sollte ich leben? Vermutlich könnte ich nicht das Gesundheitssystem für die vielen Menschen in diesem Teil der Welt verändern. Aber bestimmt gibt es doch eine Möglichkeit, für eines dieser Kinder zu sorgen. Eine Möglichkeit, für eine dieser Familien zu sorgen. Im Licht von Lukas 15 kann ich zumindest einen oder eine lieben.

Aber selbst das ist nicht so einfach, wie ich wenige Minuten später herausfinde.

Der Stuhl auf dem Weg

Das Frühstück verläuft an diesem Morgen recht still. Jeder muss die Nachricht erst verarbeiten. Alisha und Niyana essen noch schnell eine Kleinigkeit, bevor wir für sie beten. Dann machen sie sich auf den Weg.

Selbst Aaron ist nun schweigsam. Er liebt diese Menschen und steht schon viele Jahre im Dienst für sie. Trotzdem ist er gegenüber solchen Tragödien nicht abgestumpft. Als wir gefrühstückt haben, erklärt er uns das Programm für diesen Tag. „Heute Morgen führt uns ein kleiner Fußmarsch zu einem Knotenpunkt, von wo aus wir mit dem Bus zurück in die Stadt fahren. Nehmt unterwegs einen Imbiss zu euch", empfiehlt er uns, „damit ihr euch nicht mit leerem Magen in den Bus setzen müsst. Wenn ihr nichts gegessen habt, werdet ihr es bitter bereuen bei den Straßen, die sich unaufhörlich auf und ab und zwischen den Bergen hindurchschlängeln."

Wie geheißen, ziehen wir unsere letzten Snacks und Riegel heraus und stecken sie griffbereit in unsere Jackentasche. Wir schultern unsere Rucksäcke. Als wir losgehen, muss ich zugeben: *Morgen werde ich froh sein, die Last auf meinem Rücken loszuhaben.*

Wenig später sehe ich, dass Chris, Sigs und Aaron ein Stück weiter vorne stehen geblieben sind und mit ein paar Männern sprechen. Einer von ihnen sitzt mitten auf dem Weg auf einem Stuhl. Seltsam! Als ich näher komme, höre ich Aaron reden und traue meinen Ohren – und meinen Augen – kaum.

Von einem der Männer erfahren wir die Vorgeschichte. Kush, der Mann auf dem Stuhl, ist aus dem Dorf, wo wir kürzlich die Kirche besucht haben. Auch er und sein Begleiter gehören zu dieser Kirche. Kush ist vor ein paar Tagen auf dem Heimweg vom Feld von einem herunterrollenden Felsbrocken überrascht worden. Beim Versuch auszuweichen ist er den Hang hinuntergestürzt und hat sich mindestens ein Bein gebrochen (in beiden hat er große Schmerzen). Ein paar Dorfbewohner haben ihn gefunden und ihm zurück auf den Weg geholfen. Aber Kush konnte nicht mehr laufen und kann es immer noch nicht. Er braucht schnell fachmännische medizinische Hilfe, aber die gibt es hier leider weit und breit nicht.

Als Gemeindeglieder von Kushs Problem gehört haben, haben sie angeboten, ihn den Berg hinunter in ein Krankenhaus zu bringen. Zwei Männer konnten einen hölzernen Stuhl und ein Stück Seil auftreiben, haben Kush auf den Stuhl gesetzt und mit dem Seil daran festgebunden. Dann haben sie noch zwei Riemen an dem Stuhl befestigt, sodass jemand ihn wie einen Rucksack auf die Schultern nehmen konnte.

Ich schaue den Mann auf dem Stuhl an und denke: *Das kann doch nicht funktionieren!*

Nachdem Aaron und die Männer noch ein wenig geplaudert haben, duckt sich der eine und steckt seine Arme durch die Seilriemen. Der zweite schiebt Kush mit dem Stuhl auf den Rücken des ersten. Der steht nun nach vorne gebeugt auf – mit geschätzten 60 Kilogramm Last auf den Schultern. Und dann setzt er sich in Bewegung, Kush auf dem Rücken!

Ich hoffe, Sie haben mittlerweile eine Vorstellung davon bekommen, wie herausfordernd es allein schon ist, mit neun Kilogramm Gewicht in einem bequemen ergonomischen Wanderrucksack auf diesen Pfaden unterwegs zu sein. Denn hohe, steile, schmale Felsvorsprünge, Steine und Felsbrocken, über die Sie steigen oder denen Sie ausweichen müssen, und Äste, an denen Sie leicht hängen bleiben können, machen das Vorwärtskommen nicht unbedingt einfacher.

Deshalb ist dieser Mann, der Kush mit einem Stuhl auf dem Rücken den Berg hinunterträgt, ein ergreifender Anblick. Offensichtlich haben sich die beiden Männer die letzten Tage mit dem Tragen abgewechselt. Auch sie wollen den Bus am Knotenpunkt erreichen, um Kush in ein Krankenhaus zu bringen.

Mir kommt es so vor, als erlebte ich hier hautnah, was ich vor ein paar Tagen in Lukas 5 gelesen habe: wie die Freunde eines Gelähmten ihn zu Jesus bringen. Und mit dem Mann vor mir, der einen anderen auf dem Rücken trägt, fühlt sich meine eigene Last plötzlich gar nicht mehr so schwer an.

Meine Gedanken wandern zurück zu Lukas 15 und ich merke: Für den einen zu sorgen ist nicht immer so einfach, wie es scheinen mag.

Einer wird gefunden

Wie Aaron es vorhergesagt hat, steigen die Temperaturen. Je weiter wir nach unten kommen, desto wärmer wird mir. Sechs Tage zuvor noch war es so kalt, dass ich mir gar nicht vorstellen konnte, jemals wieder zu schwitzen. Und nun lege ich auf dem letzten Stück Lage um Lage ab.

Auch die Szenerie hat sich verändert. Vor sechs Tagen war alles weiß. Jetzt ist die Landschaft in saftige Grün- und helle Brauntöne getaucht. Eine Schönheit der ganz neuen Art. Wir folgen dem Flusslauf und überqueren ihn immer wieder auf Stahlseilbrücken. Der Boden dieser Konstruktionen besteht aus einem Gitter, sodass wir das Wasser weit unter uns über Stromschnellen rauschen sehen. Einige Brücken sind stabil gebaut, andere weniger. Manche schaukeln und schwanken bei starkem Wind beängstigend – nichts für schwache Nerven. Hier sehen wir zu, so schnell wie möglich die andere Seite zu erreichen.

Ich denke auf dem Weg über die vergangene Woche nach. Wie soll ich Heather und den Kindern nur all das vermitteln, was ich erlebt habe? Jeder Versuch einer Beschreibung kommt mir völlig unzulänglich vor. Und doch kann ich es gar nicht erwarten, sie wiederzusehen und es ihnen zu erzählen.

Zuerst aber stehen mir noch mehr Erfahrungen bevor. Kurz vor dem Knotenpunkt kündigt Aaron an, dass wir vor dem Einsteigen in den Bus noch zweimal kurz haltmachen werden. Zuerst in einem Zentrum für Kinder mit Behinderungen. Insbesondere werden wir einen Teenager namens Malkit kennenlernen.

Wie wir bald erfahren, leidet Malkit an Kinderlähmung, was das Zusammenspiel seiner Muskeln, das Sehen, Hören und auch den Schluckreflex beeinträchtigt. Malkit ist in einem der Dörfer geboren, durch die wir diese Woche gekommen sind. Als Malkit zehn Jahre alt war, hat Nabin ihn angekettet in einer Scheune gefunden. Malkits Familie dachte damals, er sei verflucht. Sie wussten nicht, wie sie mit ihm umgehen sollten, deshalb wuchs er bei den Tieren in der Scheune auf. Als Nabin ihn fand, konnte Malkit nicht laufen. Nabin, der früher selbst in einer Scheune angekettet gewesen war, hat alles getan, um den Jungen zu retten. Unterstützt von Malkits Familie haben Nabin und Aaron ihn den Berg hinuntergebracht und ihm mit vielen anderen zusammen von Gottes Liebe erzählt. Vor nicht allzu langer Zeit haben sie ihm zu einem Platz in diesem Zentrum verholfen, wo auf seine speziellen Bedürfnisse eingegangen wird.

Als wir eintreten und Malkit Aaron und Nabin sieht, breitet sich ein einnehmendes Lächeln über seinem Gesicht aus. Voller Freude kommt er herüber (ja, mittlerweile kann er laufen!) und begrüßt Aaron und Nabin mit einer herzlichen Umarmung. In seiner etwas verwaschenen Aussprache erzählt Malkit, wie dankbar er sei, dass diese Männer ihm in Worten und Taten Gottes Liebe gezeigt hätten. Er sei so froh, hier in diesem Zentrum sein zu dürfen und hier Freunde zu haben. Es gebe hier so viele Beschäftigungsmöglichkeiten, zum Beispiel Physiotherapie, Aktivitäten in der Gruppe und Spiele.

Lächelnd verfolge ich das Gespräch zwischen den dreien. Hier steht ein junger Mann, der früher in einer Scheune angekettet bei den Tieren lebte, nicht laufen konnte und keine Hilfe erfuhr. Jetzt lächelt er, läuft und spielt, umarmt Menschen und lacht. Und was das Beste ist: Er weiß, dass Gott ihn so liebt, dass er Jesus gesandt hat, um ihm ewiges Leben zu schenken.

Es gibt wahrhaftig Grund zum Feiern, wenn wie in Lukas 15 einer, der verloren war, gefunden worden ist.

Gerettet aus Liebe

Unser Besuch in dem Zentrum fällt nur kurz aus. Bald brechen wir wieder auf und machen kurze Zeit später ein zweites Mal halt.

„Dies ist ein Heim für Mädchen aus den Dörfern, die als Sexsklavinnen verkauft wurden", erklärt Aaron. „Wir haben sie aus Bordellen gerettet und hierhergebracht, damit sie zur Schule gehen und einen Beruf lernen können. Und sie hören hier auch von Gott, der ihnen Hoffnung für ihre Zukunft gibt."

Nach dieser kurzen, erschütternden Einführung gehen wir hinein.

Als ich mich in einem Raum umschaue, blicke ich in die Gesichter von Mädchen, die noch sehr jung, fast kindlich wirken. Sie mögen vielleicht zwölf bis vierzehn sein, manche sechzehn, viel älter aber nicht. Ich schaffe es kaum, ihnen in die Augen zu sehen. Beim Gedanken daran, was sie durchgemacht haben, muss ich mich abwenden, um nicht die Fassung zu verlieren.

Auf einem Tisch sehe ich gesprungene Teegläser. Liv, die Leiterin des Heims, erzählt uns, was es damit auf sich hat: Im Unterricht habe die Klasse im Rahmen eines Kunstprojekts kürzlich darüber gesprochen, wie mitten im Zerbruch Schönheit sichtbar werden könne. „Jedes Mädchen bekam ein Teeglas und sollte es auf den Boden werfen. Nach anfänglichem Zögern ließ eine nach der anderen tatsächlich ihr Glas fallen und sah es in Stücke gehen. Dann sollte jede ihr Glas Scherbe für Scherbe wieder zusammenkleben. Anschließend setzten die Mädchen Kerzen in die Gläser und zündeten sie an. Die Risse in den gebrochenen Gläsern ließen das Licht der Kerzen tatsächlich heller scheinen."

„Das hat einen Austausch darüber angeregt, wie zerbrochen wir uns in unserem Leben manchmal fühlen", fährt Liv fort, „sei es durch eigenes Verschulden oder weil andere uns etwas angetan haben. Wenn wir es zulassen, setzt Gott uns wieder zusammen, und das Licht seiner Liebe scheint hell durch uns hindurch, sodass andere es sehen können, auch durch unsere Verletzungen."

„Nun haben die Mädchen gerade die letzten Pinselstriche an ein Bild gesetzt", fügt Liv zufrieden hinzu.

Ich sehe mich im Raum um. Ihre fröhlichen Gesichter und ihr Lachen zeigen, wie stolz sie sind, gemeinsam etwas geschafft zu haben. Das Bild ist auf Leinen gemalt und zeigt die Welt vor einem hellblauweißen Hintergrund. Die Kontinente und Länder sind mit unterschiedlich gemischten Wasserfarben dargestellt. In der Mitte steht in dicker, verzierter schwarzer Schrift ein Bibelvers geschrieben: „Die Völker sollen dir danken, Gott! Ja, alle Völker sollen dich preisen!" (Psalm 67,3 Hfa). Es gibt wahrhaftig Grund zum Feiern, wenn die Verlorenen (sogar, wenn sie in die schrecklichen Fänge der Sexsklaverei geraten sind) gefunden und durch Gottes Liebe gerettet werden.

Zusammenbruch

Aaron ermahnt uns zum Aufbruch, damit wir unseren Bus nicht verpassen. So verabschieden wir uns und machen uns schnell auf den Weg zur Haltestelle. Wir steigen in einen Bus, dessen Bänke mich an den Schulbus meiner Grundschulzeit erinnern.

Als ich mich setze, zerreißt mir das, was ich gerade im Mädchenheim erfahren habe, schier das Herz. Doch leider sind die nächsten sechs Stunden wenig geeignet zum Nachdenken. Über dem Mann, der einen anderen auf dem Rücken über den Fluss getragen hat, dem Zentrum für behinderte Kinder und dem Heim für gerettete Mädchen habe ich völlig vergessen, etwas zu essen. Als sich dann der Bus rumpelnd in Bewegung setzt, merke ich: *Ein Vergnügen wird das jetzt nicht!* Ganz sicher nicht!

Stunde um Stunde rattern wir auf schmalen, gewundenen Straßen den Berg hinunter. An vielen Stellen ist die Fahrbahn gerade breit genug für ein Fahrzeug, sodass wir bei Gegenverkehr oft anhalten und warten müssen, um nicht abzustürzen. Je weiter wir nach unten kommen, desto schneller fährt der Bus. Einerseits kommen wir so rascher ans Ziel. Andererseits werden wir bei dem Tempo aber heftig auf unseren Bänken hin- und hergeworfen. Das macht mich ganz krank und ich versuche ein wenig zu schlafen, damit die Zeit schneller vergeht.

Es ist schon Nacht, als wir in der Stadt am zentralen Busbahnhof ankommen. In der Dunkelheit steigen wir mit unserem Gepäck aus

*Manchmal fühlen wir uns in unserem Leben
wie zerbrochen. Doch wenn wir es zulassen,
setzt Gott uns wieder zusammen, und das Licht
seiner Liebe scheint hell durch uns hindurch –
auch durch unsere Verletzungen.*

und gehen zu Fuß zum Gästehaus, wo wir übernachten werden. Wir sind erschöpft und bettreif.

Aber während wir durch die Straßen an Geschäften und Restaurants vorbeikommen, werde ich an etwas erinnert, was ich oben in den Bergen gehört habe. Zu meiner Linken sehe ich ein scheinbar ganz normales Textilgeschäft. Das Gebäude daneben sieht aus wie ein Restaurant, aber es gibt darin offenbar zahlreiche Nischen, die durch raumhohe Holzwände voneinander getrennt sind, mit je einer eigenen Tür. Als ich genauer hinschaue, sehe ich zwei junge Mädchen mit leerem Blick am Eingang des Restaurants sitzen. Sie sind etwa so alt wie die Mädchen, die wir heute Morgen im Heim kennengelernt haben. Sofort begreife ich: Dies ist ein Bordell.

Ich packe Aaron am Arm und frage: „Sehe ich hier richtig?"

„Ja. Ich wusste nicht, ob es dir auffallen würde."

Vor dieser Tour hätte ich nichts davon gewusst, was in dieser Straße vor sich geht. Ich hätte es als familienfreundlichen Stadtteil angesehen, in dem die Leute einkaufen und etwas essen können. Nun aber erkennen meine Augen etwas ganz anderes.

Es erschüttert mich. Ich sehe ein paar Läden und dann ein Bordell mit noch mehr Mädchen davor. Dann wieder zwei Geschäfte und ein Bordell. Dann noch eines. Und noch eines. Um die Ecke das nächste. Wir gehen hinüber in eine ganz andere Straße. Aber auch dort: schon wieder eines.

Vor jedem dieser „Restaurants" sitzen junge Mädchen. Ich schaue einem von ihnen ins Gesicht. Es lächelt mich an und bedeutet mir, zu ihm zu kommen. Entsetzt wende ich mich ab. Ich fühle mich schmutzig, weil es offenbar gedacht hat, ich wolle mich an ihm vergehen. In einem Zwiespalt der Gefühle möchte ich vor ihm weglaufen, das Mädchen aber gleichzeitig retten.

Irgendwann komme ich an den Punkt, an dem ich es kaum mehr ertragen kann. Ich will davon einfach nichts mehr sehen. Ich will diese Kabinen in den Restaurants nicht mehr sehen und mir nicht vorstellen, was sich darin abspielen mag. Ich will nicht mehr in die

Gesichter der Mädchen blicken, die ihr Dasein als Sexsklavinnen fristen. Am liebsten würde ich nur noch auf meine Füße schauen und mir einreden, dass das alles nicht wahr ist.

Nach der letzten Biegung erreichen wir endlich das Gästehaus. Aaron erklärt uns, er werde uns am nächsten Morgen zum Flughafen abholen, aber ich kann schon gar nicht mehr zuhören. Ich starre immer noch auf meine Füße. Meine Gedanken überschlagen sich. Sobald er ausgeredet hat, ziehe ich mich wortlos in mein Zimmer zurück. Ich mache die Tür hinter mir zu, stelle mein Gepäck ab und falle zu Boden.

Da passiert es. Ich fange an zu schluchzen. Hemmungslos. Ich weine. Und kann gar nicht mehr aufhören.

„Warum, Gott?", rufe ich. „Ich verstehe es nicht! Warum lässt du kleine Mädchen so leiden? Warum lässt du zu, dass Männer so etwas Schreckliches tun? Bitte setze all dem ein Ende! Bitte Gott, setze dem jetzt ein Ende! Bitte wehre diesen Männern! Bitte, o Gott, rette diese Mädchen … bitte rette sie! Warum rettest du sie nicht – jetzt sofort?"

Ich weine mir die Augen aus. Und ich begreife es nicht. Ich halte mich nicht für gerecht. Ich weiß, dass ich ein Sünder bin. Und ich weiß, dass Gott gerecht ist. Dass er vollkommen gerecht ist. Aber ich bringe das, was ich gesehen habe, nicht mit der vollkommenen Gerechtigkeit eines liebenden Gottes zusammen.

Und es ist ja nicht nur das, was ich in den Bordellen gesehen habe. Nein, auch das, was ich die ganze letzte Woche dort oben in den Bergen erlebt habe. Ich liege hier am Boden und sehe all die Gesichter vor mir. Ich sehe die eingefallene Wange in Kamals Gesicht. Ich sehe den Speichel am Kinn des Mädchens. Ich sehe Kinder, die vielleicht morgen schon an Durchfall sterben. Ich sehe noch mehr tote Körper auf Scheiterhaufen brennen. Und inmitten des immensen Leids auf dieser Erde haben nur wenige dieser Menschen je gehört, wie sie in den Himmel kommen können.

„Ich begreife es einfach nicht, Gott! Warum, warum, warum?", frage ich. „Ich möchte dich nicht nur einfach infrage stellen. Bitte, o Gott, sag mir, was ich tun soll! Du liebst jeden Einzelnen von ihnen, jedes einzelne dieser Mädchen! Heute Morgen habe ich noch gebetet, dass ich ein Spiegel deiner suchenden Liebe sein möchte. Was heißt das nun?"

An diesem Punkt stehe ich auf und denke: *Sollte ich nicht einfach zurück auf die Straßen gehen und den Bordellen diese Mädchen entreißen?* Aber noch während ich mir die Frage stelle, weiß ich, wie unrealistisch das ist. Ich habe keine Ahnung, wohin ich sie bringen sollte. Schließlich spreche ich noch nicht einmal ihre Sprache. Und ich erinnere mich, dass Aaron uns erklärt hat, die Polizei sei korrupt und selbst am Menschenhandel beteiligt. Also würde ich meinen eigenen Haftbefehl unterschreiben.

Ich will mich nicht herausreden. Ich will wirklich etwas tun. Wenn ich nur wüsste, was.

Wieder werfe ich mich nieder, diesmal auf das Bett, und bekenne unter Tränen: „O Gott, ich habe so viele Fragen. Es gibt so vieles, was ich nicht verstehe."

Nach einer langen Pause fahre ich fort: „Aber ich will darauf vertrauen, dass du das Böse noch viel mehr hasst als ich. Und ich will darauf vertrauen, dass du Menschen in Not noch viel mehr liebst als ich. So stelle ich mich dir jetzt ganz neu zur Verfügung. Gebrauche mich, o Gott, wie immer du willst, um deine Liebe dem einen, der einen, wie sie in Lukas 15 beschrieben sind, bekannt zu machen. Dem einen Mann, der einen Frau, dem einen Jungen oder Mädchen in einer Welt drückender geistlicher und leiblicher Not."

Hier liege ich nun auf dem Bett und denke über die verschiedenen „einen" nach, die ich im Laufe der letzten Woche kennengelernt habe. Im Licht von Lukas 15 erkenne ich: *Es gibt eigentlich nur eins, was schlimmer ist als Verlorensein. Und das ist Verlorensein, wenn niemand einen sucht.*

Mein Gesicht ins Kissen vergraben, schlafe ich ein mit dem Gedanken an die vielen „einen", die im Moment niemanden haben, der sie sucht.

Zum Nachdenken

- Versetzen Sie sich einmal in das Gästehaus am Ende dieser Tour. Wie würden Sie Ihre Gedanken zusammenfassen? Wie würden Sie die Gefühle beschreiben, die Ihr Herz bewegen?
- Wie würden Sie als Ausdruck dieser Gedanken und Gefühle beten?

Etwas muss sich ändern

Es steht viel auf dem Spiel

Ich erwache von der Sonne, die durchs Fenster hereinscheint. Noch immer habe ich die Kleider von der Tour an. Da fällt mir ein, dass ich für den Rückflug eine frische Garnitur hier zurückgelassen habe. Nachdem ich mich gewaschen und umgezogen habe, fühle ich mich wie neugeboren (und glauben Sie mir: Das sieht und riecht man auch).

Bald wird Aaron kommen und uns zum Flughafen abholen. Allein mit Gott schlage ich meine Bibel auf und nehme mir danach ein paar Minuten Zeit zum Tagebuchschreiben.

„Es war einst ein reicher Mann, der kleidete sich in Purpur und feinstes Leinen und lebte Tag für Tag herrlich und in Freuden. Vor dem Tor seines Hauses lag ein Armer; er hieß Lazarus. Sein ganzer Körper war mit Geschwüren bedeckt. Er wäre froh gewesen, wenn er seinen Hunger mit dem hätte stillen können, was vom Tisch des Reichen fiel; aber nur die Hunde kamen und leckten an seinen Wunden. Schließlich starb der Arme. Er wurde von den Engeln zu Abraham getragen und durfte sich an dessen Seite setzen. Auch der Reiche starb und wurde begraben. Im Totenreich litt er große Qualen. Als er aufblickte, sah er in weiter Ferne Abraham und an dessen Seite Lazarus. ‚Vater Abraham‘, rief er, ‚hab Erbarmen mit mir und schick Lazarus hierher! Lass ihn seine Fingerspitze ins Wasser tauchen und damit meine Zunge kühlen; ich leide furchtbar in dieser Flammenglut.'

Abraham erwiderte: ‚Mein Sohn, denk daran, dass du zu deinen Lebzeiten deinen Anteil an Gutem bekommen hast und dass andererseits Lazarus nur Schlechtes empfing. Jetzt wird er dafür hier getröstet, und du hast zu leiden. Außerdem liegt zwischen uns und euch ein tiefer Abgrund, sodass von hier niemand zu euch hinüberkommen kann, selbst wenn er es wollte; und auch von euch dort drüben kann niemand zu uns gelangen.'

‚Dann, Vater', sagte der Reiche, ‚schick Lazarus doch bitte zur Familie meines Vaters! Ich habe nämlich noch fünf Brüder. Er soll sie warnen, damit sie nicht auch an diesen Ort der Qual kommen.'

Abraham entgegnete: ‚Sie haben Mose und die Propheten; auf die sollen sie hören.'

‚Nein, Vater Abraham', wandte der Reiche ein, ‚es müsste einer von den Toten zu ihnen kommen; dann würden sie umkehren.'

Darauf sagte Abraham zu ihm: ‚Wenn sie nicht auf Mose und die Propheten hören, werden sie sich auch nicht überzeugen lassen, wenn einer von den Toten aufersteht'" (Lukas 16,19–31).

Was für eine Geschichte nach der letzten Woche. Besonders fällt auf: Einerseits reagiert Gott auf die Not der Armen mit Mitgefühl. Dies ist das einzige Gleichnis Jesu, in dem eine Person einen Namen bekommt. Warum gerade „Lazarus"? Wegen der Bedeutung dieses Namens: „Einer, dem Gott hilft". Lazarus ist offensichtlich arm – krank, verkrüppelt – und liegt an den Toren der Reichen, wo er, wenn überhaupt, Reste isst und die Hunde an seinen Wunden lecken. Und doch hat Gott sich verpflichtet, ihm zu helfen.

In der ganzen Bibel, nicht nur in diesem Gleichnis, hört Gott die Schreie der Armen und Bedürftigen (Hiob 34,28). Er sättigt sie (Psalm 22,27), rettet sie (35,10), sorgt für sie (68,11), verteidigt ihre Rechte (82,3), holt sie aus dem Schmutz (113,7), setzt sich für die Belange der Unterdrückten ein und schafft den Armen Recht (140,12). Keine Frage: Gott ist der Helfer der Armen, er ist derjenige, der auf ihre Not mit Mitgefühl reagiert.

Andererseits geht Gott hart mit denjenigen ins Gericht, die die Armen vernachlässigen. Der reiche Mann ist nicht wegen seines Wohlstands in der Hölle, sondern deshalb, weil er ein Sünder ist, der in seinem eigenen Luxus geschwelgt und dabei vor den Armen die Augen verschlossen hat. Er hat ihnen Abfälle hingeworfen. Zwar wusste er, dass es Arme gab, aber er tat wenig, um ihnen zu helfen.

Und die Folgen könnten nicht schlimmer sein. Dieses Gleichnis ist vielleicht das furchterregendste Bild der Hölle in der ganzen Bibel. Und es kommt direkt aus dem Mund Jesu. Die Einzelheiten sind anschaulich – ein Mann in Flammenqualen. Ein Ort der Qualen, der durch einen unüberwindlichen Abgrund abgetrennt ist.

Nun lässt die Bibel keinen Zweifel daran, dass unser Zustand in der Ewigkeit von unserem Glauben an Jesus abhängt, nicht von Werken, die wir in seinem Namen getan haben mögen. Und doch lässt sie ebenso wenig Zweifel daran, dass diejenigen, die an Jesus glauben, dies durch ihre Werke zeigen, insbesondere im Umgang mit den Notleidenden (Matthäus 25,31–46; Jakobus 2,14–26). Also beweisen Reiche, die die Armen vernachlässigen, zwangsläufig, dass sie gegen allen äußeren Schein letztlich doch nicht zu Gott gehören.

Ich schreibe in mein Tagebuch:

O Gott, ich will nicht so sein wie dieser reiche Mann. Wie soll ich mein Geld ausgeben? Wie soll ich mein Leben verbringen? Was soll ich tun? Soll ich mit meiner Familie hierherziehen? Oder soll ich etwas ganz anderes machen?

Während ich mit diesen Fragen ringe, lese ich weiter im Lukasevangelium:

> „Angenommen, einer von euch hat einen Knecht, der ihm den Acker bestellt oder das Vieh hütet. Wenn dieser Knecht vom Feld heimkommt, wird dann sein Herr etwa als Erstes zu ihm sagen: ‚Komm und setz dich zu Tisch!'? Wird er nicht vielmehr zu ihm sagen: ‚Mach mir das Abendessen, binde dir einen Schurz um und bediene mich! Wenn ich mit Essen und Trinken fertig bin, kannst auch du essen und trinken.'? Und bedankt er sich hinterher bei dem Knecht dafür, dass dieser getan hat, was ihm aufgetragen war? Wenn ihr also alles getan habt, was euch aufgetragen war, dann sollt auch ihr sagen: ‚Wir sind Diener, weiter nichts; wir haben nur unsere Pflicht getan'" (17,7–10).

Als ich diese Stelle gelesen habe, falle ich auf die Knie und schreibe mein Gebet angesichts von Vers 10 in mein Tagebuch:

> *O Gott, ich bin ein Diener, der sich heute zum Dienst meldet. Du bist mein Meister. Ich will in meinem Leben nicht das Sagen haben. Ich will nur meine Pflicht tun. O Gott, ich will nur am Ende sagen: „Ich bin ein unwürdiger Diener; ich habe nur meine Pflicht getan."*

Während ich so schreibe und bete, klopft es an meiner Tür, noch bevor ich Lukas 17 zu Ende gelesen habe. Aaron steht da, eine Verpackungsröhre in der Hand, vermutlich mit einem Poster.

Wir begrüßen uns mit einem herzlichen Guten Morgen. „Es ist Zeit zum Aufbruch, aber ich wollte dir noch dies hier mitgeben", sagt er und hält mir die Röhre hin.

„Was ist das?"

„Mach's am besten später auf. Wir müssen jetzt wirklich los. Bist du fertig?"

„Klar", antworte ich und stecke die Kartonröhre in meine Tasche. In wenigen Minuten bin ich draußen bei den anderen und wir verstauen unser Gepäck in dem Kleinbus, der uns zum Flughafen bringt.

Des Redens müde

Auf der Fahrt – Aaron sitzt am Steuer, ich neben ihm auf dem Beifahrersitz – frage ich ihn: „Sag mal, Aaron, du warst doch Gemeindepastor, bevor du hierhergezogen bist, oder?"

„Stimmt."

„Und das Erlebnis auf der ersten Wanderung hat dabei den Ausschlag gegeben?"

„Ja. Als ich nach der Begegnung mit dem Menschenhändler vom Berg herunterkam, beschloss ich, alles mir Mögliche zu tun, um das Evangelium zu verbreiten und den Menschen in den Bergen Gottes Gnade zu zeigen. Aber ich bin nicht gleich hergezogen. Stattdessen habe ich als Pastor versucht, Menschen für die Arbeit hier zu mobilisieren. So habe ich nach und nach ein Team aufgebaut – mit Leuten aus diesem Land und Gemeinden im Ausland."

„Das ist interessant", sage ich und denke an meinen eigenen Wunsch, als Pastor Menschen für die Arbeit an unterschiedlichen Orten dieser Welt zu gewinnen. „Was hat dich dann dazu bewogen, den Pastorendienst aufzugeben und mit deiner Familie hierherzuziehen?"

Aaron lächelt und zögert. Ich sehe ihm an, wie er mit sich ringt, als wolle er nicht so gern sagen, was er wirklich denkt. So frage ich noch einmal: „Warum hast du das getan?"

„Willst du es wirklich wissen?"

„Ich hab dich doch schon zweimal gefragt", sage ich lachend. „Ja, ich will es wirklich wissen!"

„Ich war es leid, immerzu reden zu müssen." Er lächelt.

Jetzt verstehe ich auch, warum er mit seiner Antwort so gezögert hat. Aaron wollte mich nicht verletzen. Ich bin Pastor ... und ich rede tatsächlich viel.

„Ich hatte den Eindruck, ich würde mehr über den Dienst inmitten von drückender geistlicher und leiblicher Not *reden*", sagt Aaron, „als diesen Dienst tatsächlich zu *tun*. Und *das,* habe ich beschlossen, musste sich ändern."

Die Dringlichkeit im Blick

Dann erreichen wir den Flughafen. Aaron erklärt uns, wie wir die Abfertigung am Ticketschalter und bei der Passkontrolle beschleunigen könnten, um unseren Flug pünktlich zu erreichen. Als wir uns mit Handschlag voneinander verabschieden, geht mir auf, dass er mir im Laufe dieser unvergesslichen Woche zu einem guten Freund geworden ist.

„Danke Aaron, dass du mich – und uns – hierher eingeladen hast", sage ich. Da ich mit dem Gedanken spiele, selbst eines Tages herzuziehen, füge ich hinzu: „Ich weiß zwar noch nicht, wie, aber sei versichert, dass ich – und wir – uns in Zukunft in irgendeiner Weise an dieser Arbeit beteiligen."

Er lächelt, wir umarmen uns und machen uns auf zum Terminal.

Nach mehrmaligem Anstehen gelangen Chris, Sigs und ich schließlich zu unserem Gate. Der Flughafen ist schon alt und ziemlich heruntergekommen. Es ist nicht viel Platz zum Herumlaufen, also lassen wir uns für die wenigen Minuten bis zum Boarding auf wenig bequemen Sitzen nieder. Ich ziehe meine Bibel heraus und lese den Schluss von Lukas 17. Hier stoße ich auf folgende Worte Jesu:

Dann sagte Jesus zu seinen Jüngern: „Es wird eine Zeit kommen, da werdet ihr euch danach sehnen, auch nur einen Tag der Herrschaft des Menschensohnes zu erleben, aber euer Sehnen wird vergeblich sein. Wenn man zu euch sagt: ‚Seht, dort ist er!' oder: ‚Seht, er ist hier!', dann geht nicht hin; lauft denen, die hingehen, nicht nach. Denn wie der Blitz aufleuchtet und den Himmel von einem Ende zum anderen erhellt, so wird es an dem Tag sein, an dem der Menschensohn kommt. Vorher muss er jedoch vieles erleiden und wird von der jetzigen Generation verworfen werden.

In den Tagen, in denen der Menschensohn kommt, wird es sein wie in den Tagen Noahs. Die Menschen aßen und tranken, sie heirateten und wurden verheiratet – bis zu dem Tag, an dem Noah in die Arche ging; dann brach die Flut herein, und sie kamen alle um. Es wird auch sein wie in den Tagen Lots. Die Menschen aßen und tranken, sie kauften und verkauften, sie pflanzten und bauten – doch an dem Tag, als Lot Sodom verließ, regnete es Feuer und Schwefel vom Himmel, und sie kamen alle um. Genauso wird es an dem Tag sein, an dem der Menschensohn wiederkommt. Wer sich an jenem Tag gerade auf dem Dach seines Hauses aufhält und seine Sachen unten im Haus liegen hat, soll nicht erst noch hinuntersteigen, um sie zu holen. Das Gleiche gilt für den, der auf dem Feld ist: Er soll nicht mehr nach Hause zurücklaufen. Denkt an Lots Frau! Wer sein Leben zu erhalten sucht, wird es verlieren; wer es aber verliert, wird es bewahren. Ich sage euch: Von zwei Menschen, die in jener Nacht in einem Bett liegen, wird der eine angenommen und der andere zurückgelassen. Und von zwei Frauen, die zusammen Getreide mahlen, wird die eine angenommen und die andere zurückgelassen" (17,22–37).

Die Botschaft dieser Stelle ist einfach. Jesus sagt seinen Jüngern, dass seine Wiederkunft sehr plötzlich und überraschend sein wird.

Sie kann sich jeden Moment ereignen. Ich sitze hier am Flughafen und begreife, dass Jesus auch jetzt wiederkommen könnte. Oder auch in einer Stunde, während unseres Flugs. Er könnte kommen, bevor ich wieder zu Hause bin. Dieser Tag könnte mein letzter sein. Es gilt, diese Dringlichkeit im Blick zu behalten und heute für das zu leben, was nie vergeht.

Ich schreibe in mein Tagebuch:

> *Wie die Zeit drängt! Dies könnte der Tag sein, an dem Jesus wiederkommt. Oder morgen. Oder übermorgen. Ich habe keine Zeit zu verlieren. O Gott, hilf mir, dass ich das Heute nicht verschwende. Mit dieser Dringlichkeit vor Augen möchte ich leben bis zum Ende meiner Tage.*

Schon während ich das schreibe, erkenne ich, welcher Gefahr ich ausgesetzt bin, wenn ich gleich in dieses Flugzeug steige. Ich erkenne die Versuchung, in ein selbstzufriedenes Leben zurückzufallen und die Dringlichkeit darüber aus dem Blick zu verlieren. Aber die Kamals, die verkauften Mädchen und die Menschen, die schon bald auf Scheiterhaufen verbrannt werden, brauchen meine Selbstzufriedenheit nicht. Es hilft ihnen nichts, wenn ich und andere Christen so leben, als würde irgendjemand irgendwo und irgendwann schon etwas gegen ihre drückende geistliche und leibliche Not unternehmen. Sie brauchen Christen – mich eingeschlossen –, die so leben, als könnte dieser Tag ihr letzter sein.

Unser Flugzeug steht zum Boarding bereit. Als ich meine Bibel und mein Tagebuch verstaue, fragt Chris: „David, wie könntest du in wenigen Worten sagen, was du von dieser Tour mitgenommen hast?"

Ich muss nicht lange überlegen. Denn ich weiß genau, was Gott mir durch sein Wort auf dieser Tour gezeigt hat.

„Es muss sich etwas ändern", antworte ich. „In meinem Leben. In meiner Familie. In der Kirche. Ich weiß noch nicht genau, was das bedeutet, ich weiß nur, dass ich – dass wir – nicht so weiterleben können, als sei nichts gewesen. Es muss sich *jetzt* etwas ändern!"

Zum Nachdenken

- Wo sind Sie in Ihrem Leben versucht, das Evangelium mehr im „Reden" als im „Tun" zu leben?
- Wenn Sie darüber nachdenken, was sich ändern muss, was sind für Sie die größten Hemmnisse auf dem Weg zu möglichen Veränderungen in Ihrem Leben? Was hindert Sie am meisten daran, sich mit aller Kraft für Menschen in Not einzusetzen – sei es in Ihrem Umfeld oder in der Welt?

Was nun?

Was also muss sich ändern? Ich maße mir ganz bestimmt nicht an, diese Frage für Sie zu beantworten. Wenn ich Sie mit auf diese Tour genommen habe, dann vor allem, um Sie – und mich – an den Punkt zu bringen, diese Frage überhaupt zu stellen. An den Punkt, an dem wir uns ganz neu von der tiefen Not um uns herum und in aller Welt anrühren lassen; an dem wir trotz aller Fragen, die uns bewegen, glauben, dass Jesus tatsächlich die letzte, die wahre Hoffnung ist – inmitten dieser Not. Mögen wir neu begreifen, dass Gott uns dazu bestimmt hat, diese Hoffnung dorthin zu tragen, wo jede Hoffnung fehlt.

Nach solchen Touren wie dieser sind wir im Überschwang der Emotionen oft schnell dabei, in bester Absicht allerlei gute Vorsätze zu fassen, und leben doch oft schon nach wenigen Wochen weiter wie zuvor. Sie haben diese Tour auf den Buchseiten mitverfolgt und ich frage mich, ob Sie in derselben Gefahr stehen wie ich. Meine Hoffnung ist es, dass die Lektüre Ihr Leben verändern wird.

Seit meiner ersten Begegnung mit dem Himalaja habe ich viel über Sprüche 24,11–12 nachgedacht. Gott spricht:

> Greif ein, wenn das Leben eines Menschen in Gefahr ist; tu, was du kannst, um ihn vor dem Tod zu retten! Vielleicht sagst du: „Wir wussten doch nichts davon!" – aber du kannst sicher sein: Gott weiß Bescheid! Er sieht dir ins Herz! Jedem gibt er das, was er verdient (Hfa).

Diese Verse aus der Bibel machen deutlich, dass Gott uns für das, was wir wissen, zur Rechenschaft ziehen wird. Ich bin verantwortlich für das, was ich dort in den Bergen gesehen habe. Und nachdem Sie dieses Buch gelesen haben, sind Sie es irgendwie auch. Wenn wir wissen, dass Menschen solche tiefe physische und geistliche Not leiden, werden wir Gott über das, was wir dagegen tun (oder nicht tun), Rechenschaft ablegen müssen.

Meine Reise

Bei meiner Rückkehr in die Vereinigten Staaten holten Heather und die Kinder mich am Flughafen ab und wir fuhren zusammen nach Hause. Es war schon spät in der Nacht, sodass wir die Kinder gleich ins Bett brachten. Nach allem, was ich in der vergangenen Woche im Leben mancher Kinder gesehen hatte, erfüllte mich dieser Moment mit tiefer Dankbarkeit.

Heather konnte es kaum erwarten, einen ausführlichen Bericht über meine Reise zu hören. Die Bergregion war so abgelegen gewesen, dass wir die ganze Zeit über kaum Kontakt gehabt hatten. Deshalb hatte sie keine Ahnung von den inneren Kämpfen, die ich ausgefochten hatte, und natürlich auch nicht von meinen Überlegungen, vielleicht nach Übersee zu gehen.

Ich wusste, dass ich nach dem langen Flug und durch die Zeitverschiebung erschöpft sein würde. Deshalb hatte ich mir vorgenommen, mich erst am nächsten Morgen mit Heather zusammenzusetzen und ihr zu erzählen, was ich alles erlebt hatte und welche Gedanken ich in mir trug. Das Gespräch würde heikle Themen beinhalten, sodass ich erst einmal richtig ausschlafen wollte.

Da aber hatte ich die Rechnung ohne Heather gemacht – sie wollte sofort alles wissen. Während wir im Bett lagen, zeigte ich ihr mein Tagebuch und erzählte die eine oder andere Geschichte. Heather bestürmte mich mit Fragen und mir fielen dabei fast die Augen zu. Als ich an dem Punkt angelangt war, an dem ich geschrieben hatte, dass Gott unsere Familie vielleicht nach Übersee berufen würde, entstand eine lange Gesprächspause. Diese Nachricht musste Heather natürlich erst einmal verarbeiten. Leider schlief ich darüber ein.

Stellen Sie sich die Situation einmal vor: Ich habe gerade meiner Frau eröffnet, dass wir vielleicht in den Himalaja gehen, und sie ist völlig schockiert. Und ich? Ich bin mittlerweile in einen Tiefschlaf gesunken und schnarche ihr etwas vor.

Verständlicherweise weckte sie mich am Morgen gleich mit den Worten: „Wir müssen unbedingt weiterreden, wo wir gestern Abend aufgehört haben!"

Schon bald begannen wir die Möglichkeit eines Umzugs nach Übersee auszuloten. Gleichzeitig trat ein internationales Missionswerk (das International Mission Board, abgekürzt IMB) an mich heran, das mich als Leiter gewinnen wollte. Das IMB vertritt mehrere Zehntausend Gemeinden, die gemeinsam Tausende von Missionaren finanziell unterstützen. Die Missionare arbeiten in aller Welt, vor allem in Ländern, die am wenigsten vom Evangelium erreicht sind.

Zuerst wollte ich mich gar nicht auf Gespräche mit dem IMB einlassen, dann aber musste ich mir zumindest die Frage stellen: *Warum ziehe ich einen Umzug nach Übersee in Erwägung, nicht aber eine Position mit dem Schwerpunkt, Menschen für die Arbeit in Übersee zu mobilisieren und zu leiten?*

In diesem Entscheidungsprozess musste ich mir auch eingestehen, wie sehr ich die Menschen in meiner Gemeinde liebte. Eigentlich konnte ich mir gar nicht vorstellen, sie zu verlassen. Jeden Tag fiel ich vor Gott auf die Knie und betete: „Gott, ich will das tun, was du willst, mit allem, was du mir gegeben hast."

Nachdem ich über Monate immer wieder gefastet und allein, mit Heather und den Pastoren unserer Kirche über dieser Frage gebetet hatte, führte Gott mich klar und unmissverständlich für die nächsten vier Jahre in den Dienst beim IMB.

Und doch stellte ich mich weiterhin regelmäßig im Gebet Gott zur Verfügung. Während meiner Zeit als Leiter des IMB in Richmond, Virginia, folgte ich einer Einladung der McLean Bible Church im Großraum Washington, D.C., wo ich Vorträge über die Bibel halten sollte. Durch eine Reihe unvorhergesehener Umstände und unerklärlicher Ereignisse führte mich Gott wiederum klar und unmissverständlich dahin, Pastor dieser Gemeinde zu werden. Hier in dieser Weltstadt ist eine Vielzahl von Nationen vertreten und es reisen unzählige Menschen von hier aus, um in aller Welt zu arbeiten. Durch meine neue Aufgabe musste ich mich nach und nach aus meiner Rolle beim IMB zurückziehen.

Als Pastor träume, plane und arbeite ich nun gemeinsam mit meinen Gemeindegeschwistern, die aus mehr als Hundert verschiedenen Nationen stammen, an dem Ziel, die Hoffnung des Evangeliums vom Großraum Washington aus in aller Welt zu verbreiten.

Darüber hinaus habe ich mit Chris (der mit auf der Tour war) und anderen ein globales, spendenfinanziertes Missionswerk ins Leben gerufen. Es hat sich zum Ziel gesetzt, in der Kirche Ressourcen für die Verbreitung des Evangeliums in Regionen zu mobilisieren, in denen größte Not herrscht.

Es beflügelt mich mehr und mehr, wie viele Möglichkeiten es heute gibt, das Evangelium in die Welt zu tragen. Um mit Aaron zu sprechen: Das Letzte, was ich als Pastor tun möchte, ist, nur über den Dienst inmitten drückender Not zu *reden*. Ich möchte diesen Dienst selber *tun!* Und noch immer frage ich mich, ob Gott mich eines Tages doch noch für längere Zeit in einen anderen Teil der Welt schicken wird.

Unsere Reise

Wenn ich Ihnen all das erzähle, dann will ich damit keinesfalls sagen, dass Ihr Weg genauso aussehen müsste wie meiner. Das wird er natürlich nicht. Gott beruft nicht jeden dazu, ein Missionswerk zu leiten, Pastor zu sein oder als Missionar ins Ausland zu gehen. Manche von uns aber beruft er tatsächlich in solche Aufgaben. Ich bete darum, dass Gott dieses Buch benutzt, damit viele diesen Ruf hören.

Aber Gott ruft nicht nur Leiter, Pastoren oder Missionare. Gott ruft jeden von uns. Ob wir nun Lehrer sind oder Experten für Forellenkot, ob wir ein Unternehmen leiten oder uns um unsere Kinder kümmern, ob wir studieren oder schon im Ruhestand sind – Gott hat uns dazu bestimmt, in einer Welt drückender Not etwas zu bewirken.

Unterschätzen wir die Rolle nicht, die Gott für uns vorgesehen hat – angefangen in unserer unmittelbaren Umgebung. Machen wir uns bewusst, dass Gott uns nicht ohne Grund an unseren Platz gestellt hat. Wir sind nicht zufällig in unserer Stadt oder unserer Gemeinde. Gott hat uns mit Gaben, Fähigkeiten, Talenten und Ressourcen ausgestattet, die wir an unserem Arbeitsplatz, in unserer Schule, in unserer Nachbarschaft oder unserer Wohnsiedlung einsetzen dürfen. Gott hat uns einzigartige Möglichkeiten gegeben, das Evangelium der Hoffnung in die Welt um uns herum zu tragen.

Ich kenne die brennendsten geistlichen und physischen Nöte in Ihrer Umgebung nicht, aber Gott kennt sie. Fragen Sie ihn doch: „Wo sind die Armen, die Unterdrückten, die Verwaisten, die Versklavten und letztlich die Verlorenen um mich herum?" Machen wir uns klar, dass Gott diese Männer, Frauen und Kinder so liebt, dass er uns an ihre Seite gestellt hat. Er möchte, dass die Hoffnung Jesu auch durch unser Leben verbreitet, weitergesagt und gelebt wird – vielleicht sogar weit über unsere derzeitige Umgebung hinaus. Öffnen wir unsere Augen für Möglichkeiten, unsere Zeit, unser Geld und unsere Gaben einzusetzen, um das Evangelium dorthin zu bringen, wo es noch nicht bekannt ist, und Menschen zu dienen, die es dringend nötig haben, Gottes Liebe zu erfahren.

Erinnern wir uns an das, was ich auf meiner Tour über die Chancen für Studenten, Berufstätige und Rentner geschrieben habe; wie sie ihre einzigartigen Gaben, Fähigkeiten und Erfahrungen für die Verbreitung des Evangeliums inmitten von größter Not in der Welt einsetzen können. Dann denken wir an unser eigenes Leben. Wie könnten wir persönlich dazu beitragen, der Welt Gottes Liebe zu bringen?

Die Herausforderung

Angesichts der drückenden Nöte um uns herum und der vielen Möglichkeiten, die uns offenstehen, möchte ich dieses Buch mit einer Herausforderung abschließen. Mögen wir dadurch erkennen, was nach der Reise, die wir zusammen unternommen haben, in unserem Leben, unserer Familie, unserer Kirche, unserer Zukunft an Veränderung nötig ist. Ich mute Ihnen diese Herausforderung zu, so wie ich sie mir auch selbst zumute.

Setzen wir uns dafür ein, inmitten irdischen Leids sinnvoll zu helfen.

Ich beginne diese Herausforderung mit dem *irdischen Leid*. Wenn ich diesen Begriff gebrauche, dann meine ich damit vor allem jede Art von physischer Not, die Menschen in aller Welt erleiden. Auf unsere Tour bezogen, denke ich an Kamal, dem ein Auge fehlte und der keinen Zugang zu medizinischer Hilfe hatte. Ich denke an die Dörfer, in denen Kinder und ihre Eltern an Cholera sterben, weil sie kein sauberes Wasser haben. An die Kinder mit Behinderungen, die angekettet in einer Scheune leben, oder die liebenswerten jungen Mädchen, die als Sexsklavinnen verkauft werden.

Sei es in der Stadt, in der ich lebe, oder an jedem beliebigen Ort auf dieser Welt: Überall begegne ich irdischem Leid in vielfältiger Gestalt. Kürzlich bin ich von Thailand zurückgekommen, wo ich Brüder und Schwestern im Kampf gegen den Menschenhandel unterstützt habe. Kurze Zeit später habe ich Familien im Großraum Washington, D.C., besucht, die unbeschreiblich leiden. Ich habe in einer Einrichtung unserer Kirche für Kinder (und Familien) mit

Unterschätzen wir die Rolle nicht, die Gott für uns vorgesehen hat – angefangen in unserer unmittelbaren Umgebung.

besonderem Förderbedarf gearbeitet. In der Woche darauf bin ich zur Unterstützung einer Arbeit unter Waisen und Flüchtlingen nach Äthiopien und Uganda gereist. Leider sind die Gelegenheiten, inmitten irdischen Leidens Hilfe zu leisten, nicht schwer zu finden – für jeden von uns, ganz egal, wo wir leben und arbeiten.

Und doch verschließen wir vor diesen Gelegenheiten oftmals Augen und Ohren. Ständig sind wir versucht, uns vom schweren Leid um uns herum abzuschotten. Wir können uns zu Hause und sogar in unseren Kirchengebäuden einigeln oder in der Geschäftigkeit unseres Alltags, in Arbeit, Schule und Freizeit aufgehen, ohne uns darauf einzulassen, den Bedürftigsten um uns herum Hände und Füße Christi zu sein.

Leisten wir also angesichts des vielfältigen irdischen Leids *sinnvolle Hilfe*. Ich betone hier ausdrücklich das Wort *sinnvoll*, denn manche Versuche zu *helfen* laufen letztlich darauf hinaus, dass wir die Menschen verletzen, denen wir eigentlich helfen wollten.

In manchen Teilen der Welt schicken Eltern ihre Kinder in ein Waisenhaus, weil sie finanziell nicht in der Lage sind, sie zu ernähren. Könnte es hilfreicher sein, an Lösungen zur Linderung des Armutsproblems zu arbeiten, als Waisenhäuser zu unterstützen? Dann nämlich müssten solche Eltern ihre Kinder erst gar nicht in ein Heim geben.

Genauso versuchen die Männer und Frauen, mit denen ich in Thailand zusammengearbeitet habe, nicht nur ein junges Mädchen zu retten, das als Sklavin verkauft wurde, sondern Hunderte von Mädchen davor zu bewahren, überhaupt erst in die Hände von Menschenhändlern zu fallen. Um dieser Mädchen willen – oder auch der Jungen und Männer willen, die als Sklaven für die Fischereibranche in Thailand verkauft werden – ist es wichtig, sinnvoll zu helfen.

Und das verlangt *vollen Einsatz*. Wenn wir im Leben derer, die um uns herum in Not sind, tatsächlich etwas bewirken wollen, dann wird das nicht leicht sein. Es braucht unsere ganze Hingabe. Wie leicht speisen wir die Notleidenden mit einer kleinen Hilfeleistung oder einem schnellen Groschen ab und gehen dann rasch weiter? Das ist es nicht, was das Evangelium fordert. Der König, den wir feiern und dem wir nachfolgen, „kam, um zu dienen und sein Leben als Lösegeld hinzugeben, damit viele Menschen aus der Gewalt des Bösen befreit werden" (Matthäus 20,28 Hfa). Er „erniedrigte sich selbst noch tiefer und war Gott gehorsam bis zum Tod, ja, bis zum schändlichen Tod am Kreuz" (Philipper 2,8 Hfa).

Machen wir uns deshalb nicht vor, es gäbe im Kampf gegen irdisches Leid einfache Lösungen. Ich denke an Aaron im Himalaja. Er hat jahrelang in den Bergen gegen diese drückende Not angekämpft. Dabei hat er einen Rückschlag nach dem anderen einstecken müssen und doch durchgehalten, sich voll eingesetzt, um inmitten von irdischem Leid sinnvoll zu helfen. Auch wenn wir uns dabei nicht alle in gleichem Maß einbringen können wie er, sollten wir es doch mit derselben Entschlossenheit tun.

Wo und wie also können wir uns voll einsetzen, um inmitten irdischen Leids sinnvoll zu helfen? Während wir diese Frage für uns persönlich beantworten, bedenken wir, dass das nur ein Teil der Herausforderung ist.

Geben wir alles, um Menschen vor ewigem Leid zu bewahren.

Ich unterscheide in diesem Teil der Herausforderung ganz bewusst zwischen *irdischem* Leid und *ewigem* Leid. Das eine hat *hohe*, das andere *höchste* Priorität.

Ich differenziere zwischen dem Leid, das Menschen in vielfältiger Form auf dieser Erde durchmachen, und dem ewigen Leid, das Menschen ohne Christus jenseits dieser Welt erfahren werden. Das eine umfasst Entbehrungen unterschiedlichster Art, das andere die extremste Form der Entbehrung (ewiges Getrenntsein von Gott). Das eine ist zeitlich begrenzt, das andere dauert für immer an.

Diese Wirklichkeit ist zweifellos nur sehr schwer zu fassen oder zu verstehen. Aber die Bibel ist da sehr klar. Wir können diese Realität nicht leugnen oder vom Tisch wischen. Deshalb müssen wir ihr auch höchste Priorität einräumen.

Deshalb rufe ich uns alle dazu auf: Geben wir alles, um das Evangelium zu verbreiten. Geben wir alles, um die Nachricht von Gottes Heiligkeit, von unserer Sünde, vom einzigartigen Leben Jesu, von seinem Tod und seiner Auferstehung weiterzuerzählen. Laden wir Menschen ein, ihr Vertrauen auf ihn als ihren Retter und Herrn zu setzen, um ewiges Leben zu haben. Das Evangelium ist die großartigste Nachricht der Welt, es ist die Antwort auf die größte Not der Welt. Deshalb sollten wir alles tun, um sie bekannt zu machen.

Sauberes Wasser bereitzustellen, Kliniken zu bauen, für Waisen zu sorgen, Menschen aus der Sklaverei und aus irdischem Leid jeglicher Art zu retten, ist außerordentlich wichtig. Noch wichtiger ist es jedoch, Menschen vor ewigem Leid zu bewahren. Kein Wasserfilter, kein Ernährungsprogramm, kein Krankenhaus und keine Rettungsaktion aus Sklaverei kann – für sich allein genommen – Menschen die himmlische Ewigkeit schenken. Über all diese leiblichen Notwendigkeiten hinaus brauchen die Menschen Versöhnung mit Gott, und die ist nur möglich, wenn das Evangelium verkündigt wird.

Das bedeutet keineswegs, dass wir die Hilfe inmitten irdischen Leidens auf diejenigen beschränken sollen, die unserer Botschaft glauben. Ganz im Gegenteil: Wir hoffen, dass die Hilfe für die Leidenden auf dieser Erde letztlich das Evangelium heller strahlen lässt. Und wir glauben, dass dort, wo Menschen dem Evangelium glauben, Herzen verwandelt werden und Kirche gebaut wird. So wird der Weg geebnet, auch dem irdischen Leid immer besser und umfassender begegnen zu können.

Nutzen wir unsere Möglichkeiten, die größte Not der Welt zu wenden. Jetzt. Heute. Wir sind umgeben von Menschen, die von Gott getrennt und auf dem Weg in ewiges Leid sind. Und wir haben die Lösung zu diesem Problem! Also suchen wir uns heute jemanden – am besten jetzt gleich – und erzählen wir ihm oder ihr vom Evangelium. Lassen Sie uns das jeden Tag mit Hingabe tun – dort, wo wir leben.

Und dort, wohin Gott uns führt. Ich hoffe, dass diese Trekkingtour durch den Himalaja nicht nur mir, sondern auch Ihnen neu die Augen dafür geöffnet hat, dass viele Menschen auf der Welt wenig oder nichts vom Evangelium wissen. Viele haben noch nicht einmal von Jesus gehört. Lassen Sie uns überlegen, welche Rolle wir, unsere Familien oder unsere Gemeinde dabei spielen können, ihnen das Evangelium zu bringen.

Was würden wir uns von Menschen auf der anderen Seite der Erde wünschen, wenn wir verloren wären und nicht wüssten, wie wir Versöhnung mit Gott finden und die Ewigkeit mit ihm verbringen könnten? Lassen Sie uns diese Frage ehrlich beantworten und dann dementsprechend leben.

Seien wir die Kirche, zu der Gott uns berufen hat.

Gemeinschaft hat im Christentum einen hohen Stellenwert. Kein Christ kann Jesus alleine folgen. Also liegt der dritte Teil der Herausforderung in unserem Leben in der Kirche, der wir angehören. Das Ziel einer Gemeinde ist es, die Liebe Christi in einem Gemeinwesen – sei es ein Dorf, ein Stadtteil oder eine Stadt – widerzuspiegeln und Gemeindeglieder auszusenden, um die Hoffnung über die Gemeinde hinaus zu verbreiten. Das Bild ist eigentlich ziemlich einfach, wenn ich es mir so recht überlege.

Wie wir gesehen haben, kann es aber leicht passieren, dass wir Kirche unnötig kompliziert machen. Wir können unsere Gemeinden mit allen möglichen Dingen füllen, die nicht in der Bibel vorkommen. Zum Beispiel können wir unser Augenmerk darauf richten, wie wir unsere Gebäude mit unseren finanziellen Mitteln möglichst komfortabel und unseren Zwecken gemäß gestalten können. Aber dazu hat Gott die Kirche nicht berufen.

Ich möchte uns also auffordern, mit anderen Christen die Bibel aufzuschlagen und unvoreingenommen über Kirche nachzudenken. Fragen wir Gott, was angesichts der drückenden geistlichen und leiblichen Not um uns herum und in aller Welt in seinen Augen das Wichtigste ist. Lassen Sie uns mutig beten: „Gott, wir wollen tun, was du von uns möchtest, mit allem, was du uns gegeben hast."

Vielleicht wagen Sie dann auch zu sagen: „Und wenn dies bedeutet, Herr, unser Gebäude zu verkaufen, dann wollen wir es tun. Wenn es bedeutet, Programme zu streichen, dann wollen wir es tun. Wenn es bedeutet, unsere Finanzplanung grundlegend zu überdenken, dann wollen wir es tun. Denn wir wollen lieber dein Evangelium verbreiten, als unsere Traditionen zu bewahren. Wir wollen lieber, dass die Not leidende Welt von deiner Hoffnung hört und sie hautnah erlebt und erfährt, als dass wir in unserer Kirche unserer Bequemlichkeit frönen."

Ich weiß natürlich nicht, wie Gott dieses Gebet in unserer Kirche beantworten wird. Genauso wenig weiß ich, wohin Gott uns führt, wenn wir in der Kirche, in der ich Pastor sein darf, dieses Gebet sprechen. Wir sind aber dankbar, dass Gott uns nicht darüber im Unklaren lässt, was wir tun sollen.

Kürzlich haben wir uns mit den wesentlichen Kennzeichen einer Kirche nach biblischem Vorbild befasst. Sie sind klar und einfach:
- sein Wort predigen
- das Evangelium weitersagen
- oft und mit Hingabe beten
- miteinander Gottesdienst feiern
- gemeinsam geben
- einander lieben
- einander helfen, in Christus zu wachsen
- gemeinsam unser Leben dafür einsetzen, Jünger zu gewinnen und unter den Nationen Kirche zu bauen, ganz gleich, was es uns kosten mag[4]

Lassen Sie uns bereit sein, uns all diesen Punkten ganz zu verschreiben. Tun wir es im Vertrauen, dass die Kirche tatsächlich die Welt verändern kann – wenn wir sie richtig leben. Seien wir in einer Welt drückender Not die Kirche, zu der Gott uns berufen hat.

Laufen wir den Lauf, zu dem Gott uns berufen hat.

Das Schlüsselwort im letzten Teil dieser Herausforderung lautet *laufen*. In Hebräer 12,1 heißt es: „Deshalb wollen auch wir – wie Läufer bei einem Wettkampf – mit aller Ausdauer dem Ziel entgegenlaufen. Wir wollen alles ablegen, was uns beim Laufen hindert …" Beschränken wir uns also nicht darauf, mit Gott *spazieren zu gehen*. Genauso wenig will ich uns zu einem unhaltbaren Tempo antreiben, das zum Burn-out führt. Ich fordere uns nicht zum Rasen auf – auch wenn ich unbesorgt bin, dass wir es bei der Verbreitung des Evangeliums zu weit treiben könnten.

Und doch fordert uns Hebräer 12,1–3 auf, angesichts der drückenden Not um uns herum nicht still zu sitzen, auch nicht spazieren zu gehen, sondern zu laufen. Und zwar jetzt.

Ich denke über den letzten Abschnitt aus Lukas 17 nach, den ich am Flughafen vor unserem Rückflug gelesen habe. Jesus kommt wieder und es könnte jederzeit so weit sein. Wir stehen schon jetzt an der Schwelle zur Ewigkeit und wissen nicht, ob es auf dieser Erde noch ein Morgen gibt. Also laufen wir, solange wir noch Zeit dazu haben.

Leben wir mit einem heiligen Bewusstsein von Dringlichkeit, als könnte dieser Tag der letzte sein. Jonathan Edwards, ein Pastor, durch den Gott eine große Erweckung bewirkt hat, schrieb in seinen Vorsätzen, die er sich jeden Tag neu in Erinnerung rief: *„Ich bin entschlossen*, bei jeder Gelegenheit über mein eigenes Sterben und über das, was allgemein mit dem Tod verbunden ist, nachzudenken."[5] David Brainerd, der Indianerstämmen, die wenig vom Evangelium wussten, Gottes Liebe nahegebracht hat, schrieb in seinem Tagebuch fast dasselbe, bevor er schon mit neunundzwanzig Jahren starb.

Aber ist das nicht deprimierend? Warum sollten wir so leben?

Weil wir uns immer wieder bewusst machen müssen, dass unsere Häuser, unsere Gesundheit, unsere Bankkonten, unsere Autos, unsere Arbeit und unsere Bequemlichkeit in diesem Leben uns rein gar nichts garantieren. Eines Tages (vielleicht schon heute?) könnte all dies verloren sein. Denken wir also jetzt schon daran, für das zu leben, was unvergänglich ist.

Laufen wir um unserer selbst willen und laufen wir um anderer willen. Um Kamals willen. Um Sijans willen. Um der vielen Mädchen willen, die als Sklavinnen verkauft wurden, um der Toten willen, die heute auf Scheiterhaufen brennen. Um Menschen willen, die – wie Sie und ich – dringend eine Hoffnung brauchen, die sie auf dieser Welt sonst nirgends finden können.

Und nicht nur um ihretwillen. Letztlich um Seinetwillen. Für die Ehre Jesu in einer Welt, in der er als der Eine bekannt sein möchte, der allein aus Sünde retten, tiefste Verletzungen heilen und ewiges Leben geben kann. In den Worten von Hebräer 12,2: Richten Sie Ihren Blick fest auf Jesus und folgen Sie ihm unbeirrt. Lassen wir um Jesu willen das Wissen um die Wirklichkeit des Evangeliums unser Herz entzünden, sodass es zu unserem vordringlichen Ziel wird, es weiterzugeben.

Lass alle Völker dich preisen!

Wenn wir die Herausforderung, die ich dargelegt habe, annehmen, dann kann ich uns eines garantieren: Je mehr wir unser Leben einsetzen, die Liebe Jesu in einer Welt drückenden Leids weiterzugeben, desto mehr wird die Freude Jesu uns erfüllen. Ich verspreche es: Kaum etwas ist erfüllender, als den Verletzten Hoffnung zu geben, den Vergessenen Familie zu werden, den Gefangenen die Freiheit zu verkünden und Menschen vom Weg in den ewigen Tod auf den Weg zum ewigen Leben zu führen.

Ich möchte noch einmal mit Ihnen zurückblicken auf den letzten Tag unserer Tour, bevor wir zum Flughafen gefahren sind. Wenn Sie sich erinnern: Aaron hatte mir eine Verpackungsröhre gegeben, die aussah, als sei ein Poster darin. Doch es war kein Poster, sondern ein Bild.

Kaum hatte ich es geöffnet und ausgerollt, erkannte ich, woher es stammte. Die Mädchen in dem Heim, die aus der Sklaverei gerettet worden waren, hatten es gerade fertiggestellt, als wir sie besuchten. Ich sehe heute noch ihre strahlenden Gesichter vor mir, ihr Lachen und ihren Stolz auf ihr Werk. Es ist ein Bild der Welt, auf dem in kunstvoller Schrift geschrieben steht:

> Die Völker sollen dir danken, o Gott,
> ja, alle Völker mögen dich preisen!

Jetzt betrachte ich das Bild, das ich gut sichtbar in unserer Wohnung aufgehängt habe. Es erinnert mich immer wieder an den Schmerz, den diese Mädchen einst durchgemacht haben, und die Freude, die sie jetzt erleben. Darüber hinaus ruft es mich ständig dazu auf, über die Menschen zu weinen, die noch Schmerzen erleiden. Ich möchte mich mit meinem Leben, meiner Familie und meiner Kirche dafür einsetzen, die Liebe Gottes unter ihnen zu verbreiten.

So gebe ich Ihnen am Schluss noch eine Frage mit auf den Weg – zum Nachdenken und Handeln: Was muss sich in Ihrem Leben ändern, damit die lebensverändernde Hoffnung Jesu durch Sie eine Welt drückender geistlicher und leiblicher Not erreicht?

Dank

Dieses Buch ist die Frucht der Gnade, die mir Gott durch so viele Menschen in so vielfältiger Weise erwiesen hat.

Ich bin Gott dankbar für ein Treffen mit Sealy, Curtis, Chris und Lukas, aus dem fast drei Jahre später dieses Buch hervorging. Danke, meine Brüder, für euren weisen Rat, eure beständige Unterstützung und eure persönliche Ermutigung.

Ich danke Gott für Tina und das gesamte Team bei Multnomah, insbesondere Bruce und Dave. Ihr wart so geduldig mit mir und habt mir immer zur Seite gestanden. Ich hatte eure Hilfe so nötig – verdient hatte ich sie nicht. Danke, dass ihr nicht nur dieses Projekt so bereitwillig angenommen, sondern auch so fest daran geglaubt habt.

Ich bin Gott dankbar für Freunde, die mit mir auf diesen Bergpfaden unterwegs waren, ganz besonders für Tim, der mit seinen unschätzbaren Beiträgen dieses Buch angestoßen hat. Danke für lange Tage, kalte Nächte, herausfordernde Gespräche, Höhenkrankheit, gebrochene Knochen, aufgeschürfte Knie, Brennnesseln, Gletscherlawinen, unerschöpfliches Dal Bhat und den unglaublichen roten Panda.

Ich bin Gott dankbar für die Brüder und Schwestern vom International Mission Board, denen ich vier Jahre dienen durfte. Immer wenn ich an euch denke, danke ich meinem Gott und bete immer gerne für euch. Unsere Partnerschaft am Evangelium ist an keine Position gebunden.

Ich bin Gott dankbar für die Glieder der McLean Bible Church. Es ist ein unverdientes Vorrecht, euer Pastor zu sein. Lasst uns den großen Schatz der Gnade Gottes, die uns anvertraut ist, nutzen und unter allen Nationen Gottes Ehre bekannt machen, angefangen hier im Großraum Washington, D.C.

Ich bin Gott dankbar für Chris, Jackie und das ganze Radical-Team. Es ist ein unermesslicher Segen, der Kirche zu dienen und an eurer Seite die Mission Christi zu erfüllen. Ich bin überaus begeistert über die vor uns liegenden Möglichkeiten.

Ich danke Gott für meine Familie. Ein Buch zu schreiben, ist schwer; noch viel schwerer aber ist es, den Brief zu schreiben, den ich am Anfang dieses Buches erwähnt habe. Ihr seid mir mehr wert, als Worte es ausdrücken könnten. Heather, Caleb, Joshua, Mara und Isaiah, danke dafür, dass ihr mich so liebt. Abgesehen davon, ein Kind Gottes zu sein, ist es die größte Ehre in meinem Leben, euch Ehemann und Vater sein zu dürfen.

Am meisten bin ich Gott für das Evangelium dankbar. Ich habe keine Erklärung dafür, warum ich dieses Buch schreibe, während so viele dort im Himalaja nichts vom Evangelium wissen. Ihre Gesichter stehen mir ständig vor Augen. Möge die Gnade, die Gott mir geschenkt hat, in irgendeiner Weise ihnen zugute kommen und zu Gottes Ehre Frucht bringen.

„Er muss immer größer werden und ich immer geringer"
(Johannes 3,30).

Anmerkungen

1 „Yemen: Cholera Response", Emergency Operations Center, Situation Report No. 5, September 24, 2017, www.emro.who.int/ images/stories/yemen/the_emergency_operatios_center_sitrep-5-English.pdf?ua=1 (Link nicht mehr verfügbar).

2 John Stott, Der Christliche Glaube (Witten: SCM R.Brockhaus, 2010), 132–133.

3 Engl. Original: John Bunyan, Grace Abounding to the Chief of Sinners (Welwyn Garden City, UK: Evangelical Press, 1978), 123. Deutsche Übersetzung aus: Eberhard Pältz, John Bunyan. Ein Pilgrim Gottes, Band 110/111 der Sammlung „Zeugen des gegenwärtigen Gottes" (Brunnen Verlag, Gießen, 1956), 41.

4 Ausführlichere Informationen zu diesem Thema finden Sie in englischer Sprache unter: „12 Traits: Embracing God's Design for the Church", https://radical.net/book/12-traits-embracing-gods-design-for-the-church.

5 Übersetzt nach: S. E. Dwight, The Life of President Edwards (New York: G. & C. & H. Carvill, 1830), 68, www.google.it.ao/ books?id=kDxTqrWsOq4C&pg=PA70&focus=viewport&dq= editions:ISBN0803974612&lr=&as_brr=0&output=html_text.